HISTOIRE

DE

SAINTE VALÉRIE

VIERGE ET MARTYRE

A LIMOGES

en l'an 46 de Notre-Seigneur, sous l'empire de Claude Tibère,

PAR LE T. R. P. AMBROISE

DES FRÈRES MINEURS CAPUCINS,

MISSIONNAIRE APOSTOLIQUE,

EX-DÉFINITEUR, GARDIEN DU COUVENT DE PARIS.

> Venez, épouse du Christ, recevez la couronne que vous a préparée le Seigneur, parce que vous avez répandu votre sang pour son amour.
>
> *Office des Vierges.*

LIBRAIRIE CATHOLIQUE DE PERISSE FRÈRES

(NOUVELLE MAISON)

RÉGIS RUFFET ET Cie, SUCCESSEURS

PARIS

38, RUE SAINT-SULPICE

BRUXELLES

PARVIS SAINTE GUDULE, 4

LYON (ANCIENNE MAISON), RUE MERCIÈRE, 49.

1863

HISTOIRE

DE

SAINTE VALÉRIE

VIERGE ET MARTYRE.

À LA MÊME LIBRAIRIE :

Les saintes Élévations de l'âme à Dieu, selon tous les degrés d'oraison, par le R. P. Simon, *capucin*. Nouvelle édition, revue par M. Louis Bessières. 1 beau vol. in-12, papier glacé..... 2 fr. 50

Guide spirituel, du P. Louis Du Pont, de la Compagnie de Jésus. Nouvelle édition, revue, corrigée et annotée, par le P. Gaydou, de la même Compagnie. 2 gros vol. in-12.................. 10 fr.

Un enfant de Marie, ou le **Vénérable Jean Berchmans**, de la Compagnie de Jésus, par le R. P. Cros, de la même Compagnie. 1 vol. in-12.. 1 fr. 50

La Vérité catholique brièvement exposée et victorieusement démontrée, par le R. P. Gautrelet, de la Compagnie de Jésus. 1 vol. in-18... 75 c.

Histoire de la sainte jeunesse de Jésus-Christ, par M. l'abbé Grisot. 1 vol. in-18. Nouvelle édition.......... 1 fr.

Instructions sur la liturgie, par M. l'abbé Noel, auteur du *Catéchisme de Rodez*. 5 vol. in-12..................... 20 fr

La Foi, l'Espérance et la Charité, par le P. Saint-Jure. Nouvelle édition. 1 vol. in-12.......................... 2 fr. 50

La Religieuse dans la solitude, ou Retraite selon les exercices de saint Ignace, par le P. Pinamonti, revue par le P. Marcel Bouix.. 3 fr. 50

La Solitaire des Rochers. Nouvelle édition collationnée et revue soigneusement par M. l'abbé D. Bouix. 2 beaux v. in-12. 7 fr.

La Divine Eucharistie, méditations, prières et exemples, par le R. P. Pinelli, de la Compagnie de Jésus. 1 joli vol. grand in-32... 1 fr.

Sujets de Méditations pour l'adoration perpétuelle, de Mgr de la Bouillerie, évêque de Carcassonne, développés, avec l'approbation de Sa Grandeur, par l'abbé Ant. Ricard, du diocèse de Marseille. 1 gros vol. in-18 de 700 pages. Prix.......... 2 fr. 50

Guide de la Religieuse, direction, exercices, méditations à l'usage des Religieuses. A. M. D. G. 1 beau vol. in-12... 3 fr. 50

Méditations selon la méthode de saint Ignace, par le R. P. Saint-Jure. Nouvelle édition. 1 beau vol. in-12... 2 fr. 50

Corbeil. — Typ. et stér. de Crété.

HISTOIRE

DE

SAINTE VALÉRIE

VIERGE ET MARTYRE

A LIMOGES

en l'an 46 de Notre-Seigneur, sous l'empire de Claude Tibère,

PAR LE T. R. P. AMBROISE

DES FRÈRES MINEURS CAPUCINS,
MISSIONNAIRE APOSTOLIQUE,
EX-DÉFINITEUR, GARDIEN DU COUVENT DE PARIS.

> Venez, épouse du Christ, recevez la couronne que vous a préparée le Seigneur, parce que vous avez répandu votre sang pour son amour.
>
> *Office des Vierges.*

LIBRAIRIE CATHOLIQUE DE PERISSE FRÈRES

(NOUVELLE MAISON)

RÉGIS RUFFET ET Cie, SUCCESSEURS

PARIS	BRUXELLES
38, RUE SAINT-SULPICE	PARVIS SAINTE GUDULE, 4

LYON (ANCIENNE MAISON), RUE MERCIÈRE, 49.

1863

APPROBATION

DU RÉVÉRENDISSIME PÈRE NICOLAS DE SAINT-JEAN

Ministre général des Frères Mineurs capucins de St-François d'Assise.

———

Je vous permets d'imprimer l'*Histoire de sainte Valérie*, vierge et martyre, que vous avez écrite, et j'espère qu'elle sera propre à fortifier la foi et à développer la piété chrétienne, comme le dit le R. P. Ludovic, un des réviseurs de cet ouvrage.

Priez pour moi, et agréez l'assurance de ma pieuse affection avec laquelle je suis

De votre très-révérende paternité,

Le très-dévoué serviteur,

Fr. NICOLAS DE SAINT-JEAN,
Ministre général.

APPROBATIONS

J'ai lu attentivement l'*Histoire de sainte Valérie*, vierge · et martyre à Limoges, et je l'ai trouvée pleine d'intérêt et fort propre à fortifier la foi et à développer la piété chrétienne.

Paris, ce 11 mars 1863.

Fr. LUDOVIC DE BESSE,

Fr. min. cap. vic.

J'ai lu attentivement le manuscrit d'un livre intitulé : *Histoire de sainte Valérie*, vierge et martyre à Limoges, par le T. R. P. Ambroise, prédicateur, gardien et ex-définiteur de notre ordre, je n'y ai rien trouvé qui soit contraire à la foi et aux bonnes mœurs. Les fidèles le liront avec édification et intérêt.

Fait en notre couvent de Saint-Bonaventure, à Paris, le 11 mars, fête de sainte Catherine de Bologne, 1863.

Fr. PAUL DE BAS,

Capucin, ex-gardien.

PRÉFACE

L'*Histoire de sainte Valérie*, vierge et martyre, touche à une grave question souvent agitée et toujours en litige, je veux parler de l'antiquité de nos églises de France. Cette touchante histoire me paraît établir d'une manière irréfragable que l'établissement du christianisme dans les Gaules remonte aux temps apostoliques. Ici, en effet, les annales de Tacite sont en parfait accord, pour les noms des personnages dont il est parlé dans cette histoire, avec les légendes et la tradition qui nous ont transmis les actes de ce glorieux martyre. Ainsi cette histoire démontre que saint Martial de Limoges fut envoyé dans les Gaules par l'apôtre saint Pierre dès le premier siècle de l'ère chrétienne. La même preuve milite dans le même sens en faveur de l'apostolat de saint Paul Serge de Narbonne, de saint Denys de Paris, de saint Georges du Puy, et de saint Front de Périgueux dont M. l'abbé Pergot vient de publier l'histoire appuyée sur les témoignages les plus authentiques et les plus concluants, quoi qu'en ait pu dire le savant archiviste du département de la Dordogne. M. Dessalles a voulu faire de l'archéologie ét de l'*Hagiographie* avec MM. Baillet, Tillemont et de Launoy, le grand dénicheur de saints ; c'est pour cela que sans le vouloir il s'est fourvoyé et perdu dans une question depuis longtemps résolue par la plus saine critique.

Saint Lin ne fut-il pas chargé par saint Pierre d'évangéliser les Gaules ? J. Jacques Chifflet, homme très-

érudit et fort versé dans la science des âges passés,
s'appuyant sur de graves autorités, dit, sans l'affirmer
néanmoins, qu'après avoir fondé l'église de Besançon,
saint Lin, obligé de fuir la persécution, revint à Rome
où il succéda à saint Pierre dans le gouvernement de
l'Église universelle.

D'un autre côté, dès la fin du dix-septième siècle, il
y a eu de la part d'une foule d'écrivains ennemis dé-
clarés de l'Église, ou appartenant à diverses sectes, un
concours d'efforts incroyables pour anéantir jusqu'aux
derniers vestiges des plus anciennes et des plus respec-
tables traditions. Ces hommes vains et haineux ont en
partie réussi dans leur œuvre de destruction ; ils ont
voué au ridicule les pieuses légendes qui avaient popu-
larisé l'histoire de nos saints. N'est-il pas juste que
chacun s'efforce de réhabiliter dans l'opinion ces précieux monuments de l'antiquité chrétienne, et d'arracher à l'oubli les lambeaux échappés à ces ruines ? C'est
le but que nous nous sommes proposé en publiant la
touchante histoire de sainte Valérie. Ces ennemis achar-
nés de nos pieuses chroniques ont osé jeter au public
cet étrange paradoxe : *Rien d'aussi menteur que la vie
des Saints.* Effrayés de ces insultantes clameurs, les
écrivains religieux, pour échapper aux sarcasmes de
ces iconoclastes modernes, ont supprimé tout ce qu'il y
avait de merveilleux, d'émouvant et de surnaturel dans
la vie des serviteurs de Dieu, et ils ont donné au public
des vies de Saints dans le goût de Godescard, c'est-à-dire
dépouillées de tout ce qui pouvait en faire le charme.

Pour répondre à ces injustes attaques, nous nous met-
tons au-dessus de la fausse et étroite critique des érudits
modernes, en publiant la vie de cette illustre vierge de
Limoges d'après les anciennes légendes les plus justement
accréditées. Rétablir la vérité en l'appuyant sur
les preuves les plus authentiques, tel a été notre dessein en écrivant cette histoire ; nous laissons à nos lecteurs le soin de juger si nous l'avons convenablement
rempli.

INTRODUCTION

Il y a quelques années, il se fit dans le monde un bruit confus de voix plus ou moins accréditées autour d'une grave et importante question. Il ne s'agissait de rien moins que d'une révolution fondamentale dans l'enseignement des lettres. Les uns, plus préoccupés des intérêts du beau langage que du fond même des choses, voulaient que l'enseignement du latin et du grec restât fidèle aux errements de la Re-

naissance, où les lettres païennes furent re-
mises en honneur ; les autres, plus soucieux
du fond des doctrines que des intérêts de
la belle littérature, demandaient qu'on mît
aux mains de l'enfance, surtout pendant
les premières années de grammaire, les
chefs-d'œuvre de la littérature chrétienne,
afin de développer dans l'âme des jeunes
élèves le principe fécond de la foi, avant
de mettre en leurs mains.les merveilles de
la littérature païenne. Ces rudes jouteurs
n'ont pu parvenir à s'entendre, disons
mieux, ils ne se sont jamais compris, se
prêtant les uns aux autres des pensées et des
vues qu'ils n'avaient pas, et se livrant à de
vaines et interminables discussions, sans jamais en venir à aucune conclusion pratique.
A notre avis, de part et d'autre il y avait
tort et raison : pour de bons et solides mo-
tifs, nous nous garderons de nous faire mé-

diateur entre les deux camps ; mais, à un
autre point de vue, voici ce qu'écrivait au
dix-septième siècle un docteur en théolo-
gie de la Sorbonne, aumônier du roi ; nous
conservons le style de l'écrivain : « C'est
« une merveille que d'abord que nous
« sommes capables d'apprendre quelque
« chose, on nous met incontinent sous le
« nez les histoires étrangères, desquelles
« on remplit notre esprit, comme pour le
« détourner, par cet amusement, d'appren-
« dre les choses qui nous touchent, ou
« comme s'il ne s'était pas passé parmi
« nous des affaires d'aussi grande consé-
« quence, ou qu'elles méritassent moins
« d'être sues que celles des étrangers. On
« nous apprend d'abord quels furent les
« fondateurs de la ville de Rome et tout ce
« qui s'ensuit ; combien la ville de Thèbes
« avait de portes ; quels furent les premiers

« qui établirent des communautés ou des
« républiques dans la Grèce ; qui furent
« ceux qui fondèrent les monarchies ; et
« l'on ne nous dit mot de la fondation de
« notre monarchie, ni des affaires qu'eu-
« rent nos premiers rois, ni quels ennemis
« ils eurent à combattre, ni combien de
« batailles il leur fallut donner pour jeter
« les premiers fondements d'un État qui est
« maintenant l'objet de l'envie des plus
« puissants monarques du monde connu, et
« la terreur de ce que l'on reconnaît au-
« jourd'hui de plus redoutable. N'est-ce
« pas tomber évidemment dans le reproche
« honteux du Sage, qui dit que *les yeux des*
« *fous sont aux extrémités de la terre ?* Car
« à quel propos allons-nous avec tant de
« peine chercher des exemples de généro-
« sité, de prudence, de valeur militaire, de
« politique (puisque c'est là la fin pour la-

« quelle on lit les histoires), si nous avons
« dans nos foyers tant de beaux traits de
« justice, d'adresse, de courage, de pré-
« voyance et de toutes les autres vertus,
« qui doivent nous servir de règle, sur
« quoi nous pouvons aligner avec gloire et
« bonheur toutes les actions de notre vie,
« sans aller chercher des exemples plus
« loin.

« Pour ce qui regarde la religion, nous
« avons encore donné insensiblement et
« sans y prendre garde contre la même
« pierre. On n'a pas manqué de met-
« tre au jour les histoires des vies des
« Saints italiens, espagnols, allemands,
« grecs et syriaques. On a écrit tout au
« long leurs miracles, on a étalé ample-
« ment toutes leurs vertus; et ces histoires
« glorieuses n'ont pas manqué de faire de
« très-beaux effets parmi nous. Mais il

« semble qu'on a affecté d'être eschars [1]
« à écrire les vies des Saints de nos pays ;
« car encore bien qu'il s'en trouve assez
« bon nombre semées çà et là parmi les
« autres, néanmoins je peux dire que celles
« que nous avons ne sont que la moindre
« partie et qu'un très-petit échantillon de
« celles que nous pourrions et devrions
« avoir. »

Nous n'admettons pas pour notre compte
la similitude adoptée par le pieux docteur
que nous venons de citer ; car, si comme
Français nous devons préférer l'histoire de
notre pays à toute autre, comme chrétiens,
les hauts faits et les saints exploits des serviteurs de Dieu, quelle que soit leur natio-
nalité, doivent nous intéresser vivement,
puisque, en notre qualité de chrétiens et
d'enfants de la sainte Église catholique, nous

---

[1] Eschars, vieux mot qui signifie chiche.

faisons partie avec eux de la même famille.
Il est certain, néanmoins, que les Saints
dont la vie et les combats ont illustré notre
propre pays, nous inspirent un plus grand
intérêt et une plus vive confiance. Leurs
exemples font sur nous une plus salutaire
impression, par cela même qu'ils ont vécu
dans la même atmosphère et habité les
lieux que nous habitons nous-mêmes; et
leur protection nous est plus assurée qu'aucune autre, car ces héros couronnés s'inté-
ressent toujours plus spécialement aux contrées qui ont été le théâtre de leurs luttes
et de leurs triomphes.

Le saint abbé Nil disait avec raison que
la main devait être l'interprète de la langue,
et qu'il était nécessaire de rappeler fréquemment les bons exemples des Saints,
pour affermir les justes dans la bonne voie
et pour y ramener les pécheurs. Le langage

des bonnes actions est si clair et si pénétrant, qu'il est inutile de le faire suivre d'aucune explication. Les nations les plus barbares, quel que soit leur idiome, le comprennent, sans qu'il soit besoin de recourir à un interprète.

La primitive Église, dit Tertullien, s'est toujours servi de cette philosophie muette, mais éloquente et persuasive, pour répandre un jour salutaire et efficace sur les principes impénétrables de notre foi. Elle y a eu recours aussi pour nous faire accepter une doctrine si relevée dans les vérités qu'elle nous enseigne, si étrange et si austère dans les vertus qu'elle nous oblige de pratiquer. Tous les premiers chrétiens étaient en ce genre d'éloquence d'excellents prédicateurs. Leurs yeux, leur visage, leurs mains, leur démarche, leurs habits, en un mot, s'écrie Tertullien, tout ce qui était en eux prêchait la divinité, la sainteté, les perfections de Jésus-Christ; et leur vie était en même temps la condamnation aussi juste que publique des vices de l'idolâtrie.

Les bouches les plus éloquentes et les plus puissantes dans la prédication du christianisme ont été les plaies des martyrs. La voix la plus forte et qui a retenti le plus au loin en faveur de notre sainte religion, a été la voix de leur sang. Cependant, après trois siècles de combats et de souffrances, la foi de l'Évangile triomphe de l'erreur, et la croix plantée sur le Capitole préside désormais aux destinées de l'empire romain. Longtemps captive dans l'obscurité des catacombes, l'Église sort enfin de ces cryptes solitaires, et, toute dégouttante encore du sang de ses généreux enfants, elle élève des temples à la gloire de son céleste Époux, et se prépare à soutenir

1.

sans péril le choc violent des tempêtes et des orages dont elle doit être assaillie et battue jusqu'à la consommation des siècles.

A ce moment, l'Évangile sillonne et parcourt dans tous les sens le monde entier, s'écoulant au sein des peuplades les moins policées avec toute la douceur et la fécondité d'un fleuve impatient de répandre en tous lieux l'abondance et la paix. Le monde païen, abjurant la fausse sagesse du passé, embrasse avec joie la folie de la croix. Heureuse de son incroyable fécondité, l'Église contemple avec amour ses innombrables enfants portant avec allégresse le joug de la loi sainte. Elle ne se dissimule pas néanmoins les dangers et les écueils contre lesquels viendront échouer et se briser un grand nombre de ces âmes devenues la conquête de Jésus-Christ; et aussitôt elle ouvre de salutaires asiles aux vierges et aux hommes désireux d'ajouter aux exigences des préceptes la sainte rigueur des conseils évangéliques.

O merveilleux effets de la puissance de la grâce ! Ces voies nouvelles sont à peine ouvertes, et déjà les solitudes se peuplent, les villes sont presque désertes ; et alors commence au sein même de l'Église un nouvel ordre de combats, destiné à perpétuer dans ses membres l'esprit d'abnégation et de sacrifice inauguré sur le Calvaire par le divin Crucifié, et continué par les confesseurs de la foi et les martyrs au temps des persécutions. Là, ce sont des pécheurs touchés par la grâce, se convertissant et expiant leurs désordres dans les larmes et le jeûne. Ils avaient épouvanté et contristé l'Église par l'excès de leurs désordres, ils l'étonnent par l'incroyable rigueur de leur pénitence. Ici, ce sont de jeunes hommes désabusés de la fausse sagesse enseignée dans les écoles

d'Athènes et de Rome, venant se jeter aux
pieds de quelque pieux solitaire, et le suppliant de se faire leur guide et leur maître
dans les voies de la perfection chrétienne,
où, par l'humilité et l'abnégation, ils arri-
veront aux limites les plus reculées de la
science et aux plus sublimes vertus de la vie
évangélique. Ailleurs ce sont des femmes
d'une illustre origine se dépouillant de leurs
somptueuses parures pour se couvrir du sac
de la pénitence, et allant oublier, dans des
solitudes ignorées du monde, le faste et les
plaisirs de la superbe Rome. Des vierges ti-
mides les suivent à pas pressés dans cette
heureuse retraite, et leur âme, qui n'a point
encore été souillée par le contact des joies
mondaines, va se délecter dans les douceurs
de la prière et du silence, en même temps que,
transportées de bonheur et d'amour, elles
immolent leur corps en holocauste vivant et

se consument chaque jour dans les vives ardeurs de la pénitence, à la gloire de ce divin Jésus dont elles sont désormais les épouses bien-aimées.

On voit bientôt se multiplier à l'infini ces invincibles athlètes, dont la vie, saintement dévouée protestera incessamment contre les désordres et la mollesse des enfants du siècle. C'est par eux que l'Église verra se perpétuer cette succession non interrompue de confesseurs et de vierges qui doivent accompagner l'Agneau partout où il ira. Dans cette grande et sainte famille, les générations se transmettent de l'une à l'autre l'héritage spirituel qu'elles ont recueilli de leurs devanciers, et tous les siècles chrétiens contempleront avec étonnement et admiration cette race choisie, cette royauté sacerdotale, cette nation sainte, ce peuple conquis pour annoncer les grandeurs de celui qui des ténèbres les a appelés à son admirable lumière.

Environnée de ces pieuses cohortes, l'Église poursuit sa marche triomphale à travers tous les âges ; mais plus est brillante l'auréole qui ceint le front de cette royale épouse de Jésus-Christ, plus aussi sont persévérants et actifs les efforts de ses ennemis rêvant le projet de l'ensevelir sous ses propres ruines. Assaillie de toutes parts, elle oppose à ses plus cruels adversaires un calme et une sérénité que rien ne peut troubler, et elle s'appuie avec confiance sur les saintes oraisons et les pieux gémissements des vierges chastes et pures vouées à la solitude et au silence. Le monde se lasse de guerroyer en vain, et l'enfer s'étonne de tant de résistance ; il ne peut s'expliquer cette paix inaltérable au milieu des plus dangereuses agitations ; et le monde lui-même, qui ne va plus au désert contempler les chefs-d'œuvre de la

grâce, ignore les ressources dont dispose
l'Église pour vaincre ses ennemis, triompher
de leur endurcissement et de leur obstina-
tion. Que dis-je? malgré les grandes vertus
dont s'honore encore de nos jours la société
chrétienne, les enfants du siècle ne pensent
pas que la sainteté soit désormais possible,
même pour ceux qui se retirent du monde
et s'éloignent des vanités de la terre. Pour
eux, ils ne cessent de se plaindre de la sévé-
rité de la loi, et ils cherchent à justifier leur
indifférence et leur tiédeur par l'impossi-
bilité prétendue où ils se trouvent de pratiquer les devoirs religieux. Ils frémissent à
la seule pensée de ce joug que Jésus-Christ
leur présente comme doux et aimable, et
leur âme sans énergie se révolte au récit des
combats des martyrs, aussi bien qu'au spec-
tacle de la pauvreté et de l'abnégation religieuse.

L'histoire contemporaine de l'Église est
un démenti formel donné aux injustes pré-
ventions de ces hommes égarés. Toujours
pleine de sollicitude pour le bonheur de ses
enfants, la sainte Église catholique poursuit
son œuvre, et la grande famille chrétienne
se réjouit des triomphes et des vertus qu'elle
admire dans un grand nombre de ses membres; mais elle ne raconte les merveilles de
leur vie que lorsqu'ils ont été trouvés mûrs
pour le ciel. La sainte Jérusalem s'enrichit
de toutes ces pierres précieuses éparses au
sein de l'Église militante, et elle se les appro-
prie pour les faire servir à son dernier et
éternel triomphe. Aux extrémités de l'Asie,
dans le vaste empire de la Chine, elle re-
cueille avec amour les actes des nouveaux
martyrs, qui, semblables à ceux des premiers
siècles, souffrent avec joie les plus affreux
tourments. Leur sang coule sur ces terres

barbares, et, comme autrefois, il est encore aujourd'hui une semence féconde de nouveaux chrétiens.

Ces cruels et sanglants combats livrés à nos frères sur des terres lointaines ne doivent point nous faire oublier le courage des premiers martyrs ; nous devons, au contraire, dans l'intérêt de la gloire de Dieu et pour l'édification de tous, rappeler les grandes luttes de l'Église à son berceau et faire revivre la mémoire de ces héros couronnés, afin que leur nom se perpétue même au milieu des peuples absorbés par les préoccupations et la sollicitude des intérêts matériels.

Si, entre tous les saints martyrs dont nous aurions pu raconter la vie et les combats, nous avons donné la préférence à sainte Valérie, c'est que cette illustre vierge fut pour la ville de Limoges ce qu'avaient été sainte Cécile et sainte Agnès pour Rome, sainte Agathe pour Palerme ou Catane, sainte Catherine pour Alexandrie. Quel plus excellent modèle pourrait-on proposer aux vierges chrétiennes, à celles surtout qu'une pieuse pensée a placées sous le puissant patronage de cette fidèle épouse de Jésus-Christ? Elle a préludé aux généreuses luttes du martyre par la pratique exacte de toutes les vertus. Puissiez-vous, vous qui avez nom Valérie, rester fidèles à notre Sauveur Jésus, et vous rendre dignes des célestes faveurs par votre empressement à remplir avec exactitude les devoirs de votre état, en marchant jusqu'à la fin dans la voie de la piété et de l'obéissance ! Il y a, dans l'immolation de la volonté propre, une sorte de martyre, dont les mérites sont soigneusement recueillis par les anges de Dieu qui les couronne dans le ciel.

CHAPITRE PREMIER

HISTOIRE

DE

SAINTE VALÉRIE

VIERGE ET MARTYRE.

CHAPITRE PREMIER.

Naissance illustre de Valérie. — Mort de son père. — Sa première enfance.

La conquête des Gaules fut une des gloires des empereurs romains ; la lutte fut longue et sanglante, et Rome dut payer cher cette brillante conquête ; mais les immenses sacrifices qu'elle avait été obligée de faire pour s'assurer la pacifique possession de ces riches provinces, furent largement compensés par les avantages sans nombre et les précieuses ressources qu'elle en tira pour étendre sa domination jusqu'aux plages les plus lointaines de l'Océan. La soumission des Gaules et l'annexion des riches provinces dont elles se composaient, ne furent pas tellement consommées, que bien souvent on ne vît leurs valeureux habitants courir aux armes et lever contre leurs heureux vainqueurs l'étendard de la révolte. Les Éduens, les Arvernes, les Séquaniens, les Cadurciens, les Pétragores et les autres peuples de l'Aquitaine se mesurèrent fréquemment avec les légions romaines sur tous les champs de bataille des Gaules et de l'Italie ; mais les Lémovices ou Limousins acceptèrent sans arrière-pensée le joug des vainqueurs, et leur fidélité à l'empire et à ses intérêts ne se démentit jamais [1].

---

[1] Extrait d'un vieux manuscrit de l'abbaye Saint-Martial, déposé depuis la Révolution aux archives du département, puis à la Bibliothèque impériale.

Sans parler, en effet, des impôts considérables qu'on y prélevait tous les ans pour l'entretien de l'armée, Jules César rapporte en ses *Commentaires* qu'en une seule fois le Limousin lui fournit dix mille soldats, qu'il envoya grossir l'armée chargée de faire la conquête de la Germanie.

Informés de la bravoure et de la fidélité des peuples du Limousin, les empereurs romains les eurent toujours en grande estime, et ils enrichirent de nombreux et honorables priviléges la ville de Limoges, capitale de la province [1]. Auguste y établit le bureau des finances, pour y réunir tous les impôts prélevés sur le reste des Gaules. Limoges fut aussi la résidence habituelle des proconsuls chargés de gouverner ces vastes provinces, d'où lui vint, pendant quelque temps,

---

[1] La ville de Limoges remonte à la plus haute antiquité ; Ptolémée, qui florissait au deuxième siècle de notre ère, en parle et la nomme *Rastiatum;* Auguste César l'appela *Augustoritum.*

le nom de nouvelle Rome. On y voyait des temples somptueux, de vastes amphithéâtres, de magnifiques palais à l'instar de ceux que l'on admirait dans la capitale de l'univers. Ce fut là que les proconsuls Duratius, Sénobrunus, Lucius Capreolus et Léocadius, père de sainte Valérie, se rendirent considérables par leur bonne administration et par leur zèle pour le service des empereurs. Léocadius, né à Rome et élevé avec Drusus, fils de Claude Tibère, épousa, lorsqu'il eut atteint l'âge de puberté, Suzanne, fille de Manilius Armillus et nièce de Lucius Capreolus; il devint ainsi le possesseur des immenses richesses de ces deux familles opulentes et déjà unies par les liens du sang. D'abord lieutenant du proconsul des *Bituriges*, du Berry, il déploya beaucoup de zèle et fit preuve d'une grande habileté dans le recouvrement des impôts et dans l'administration des finances; aussi fut-il nommé proconsul par l'empereur Claude Tibère, et il conserva cette charge jusqu'à sa mort. Chargé du commandement d'une division de l'armée romaine, pendant la guerre contre les Germains, il succomba glorieusement les armes à la main sur le champ de bataille. Le lecteur nous pardonnera tous ces détails, destinés à lui faire connaître la haute naissance et les riches possessions de sainte Valérie, dont nous allons raconter les vertus, les combats et les triomphes.

Cette illustre vierge fut la fille unique de Léocadius et de Suzanne, qui, après la mort de son mari, se vit en possession de la fortune de Léocadius et de Manilius Armillus, son père. Cette femme, dont un pieux chroniqueur a longuement exalté les mérites, était riche de vertus autant que le pouvaient être les personnes de son rang enveloppées encore dans les ombres de la mort et n'ayant aucune connaissance du vrai Dieu. Les païens, en effet, se fai-

saient gloire de certaines habitudes ou vertus
morales dont la pratique les mettait au-dessus
du commun des mortels, esclaves, pour la plupart, des plus honteuses et des plus brutales
passions. Ces vertus morales sont comme des
sauvageons sur lesquels se peuvent greffer les
germes féconds des plus précieuses vertus du
christianisme ; et la séve vivifiante de la foi se
développe sans peine dans une âme déjà formée
à la pratique du bien moral. Ainsi Suzanne, obligée en quelque sorte par l'élévation de son rang
et par les bienséances sociales à vivre dans une
sage réserve et dans la pratique de ces vertus
mondaines, ne faillit point à ses devoirs et dut
les inculquer de bonne heure à sa jeune fille, qui,
mettant chaque jour à profit les leçons et les
exemples de sa bonne mère, ajouta à l'éclat de
sa beauté le charme d'une exacte modestie, et
les habitudes d'une vie sagement réglée selon
les inspirations de la loi naturelle, dont la lu-

mière, quoique affaiblie par les coupables excès de la race humaine, brillait encore au sein de la gentilité.

Retirée dans un château construit aux portes de Limoges, Valérie grandissait sous l'aile de sa mère; et, dans cette vie presque entièrement éloignée du monde, l'une et l'autre, par leurs bienfaisantes libéralités et par leurs bons offices, se rendaient chères à tous leurs voisins, qui les entouraient de vénération et d'amour. La mort de Léocadius avait fait un vide immense, irréparable dans cette famille; mais les grands biens dont elle jouissait lui conservaient la considération et la confiance générale.

CHAPITRE DEUXIEME

CHAPITRE II

Mission de saint Martial. — Son entrée à Limoges. — Conversion de Suzanne et de Valérie. — Mort de Suzanne.

Sur ces entrefaites, en même temps que l'empereur Claude Tibère confiait à Julius Silanus le gouvernement de la province d'Aquitaine, l'apôtre saint Pierre, venu à Rome depuis deux ans seulement, envoyait Martial, un des soixante et douze disciples de Notre-Seigneur, dans les Gaules, pour y prêcher la foi de l'Évangile [1].

[1] La tradition antique et authentique de l'Aquitaine, dit le Père Bonaventure de Saint-Amable, donne son

Il lui assigna la ville de Limoges comme le centre de ses travaux apostoliques, et lui donna pour compagnons de voyage et comme ses coadjuteurs, Alpinien et Austriclinien. La route fut longue et semée de touchants épisodes dont nous n'avons point à nous occuper en ce moment. Plein de courage et de confiance en Dieu, le bienheureux Martial annonçait la parole divine partout où il passait, et c'était comme une semence féconde dont il recueillait bientôt les fruits les

suffrage à saint Martial, pour être cet enfant sacré digne d'être proposé par Notre-Seigneur à ses apôtres pour un parfait modèle exemplaire d'innocence et d'humilité.

C'est en s'appuyant sur cette dévote et précieuse tradition que saint François de Sales a pu s'écrier : «Voyez saint Martial : Notre-Seigneur le prit, le leva et le tint assez longuement entre ses bras. O beau petit Martial, que vous êtes heureux d'être saisi, pris, porté, uni, joint et serré sur la poitrine céleste du Sauveur et baisé de sa bouche sacrée !.. » (*Traité de l'amour de Dieu,* liv. VII, ch. ii).

Voir M. l'abbé Arbellot, *Dissertation sur l'apostolat de saint Martial et sur l'antiquité des églises de France.*

plus consolants. Étant entré dans le Limousin,
il vint d'abord en un château habité par un
riche et puissant seigneur, où, rappelant à la vie,
par un éclatant prodige, le fils de Nevua, il
paya largement la bienveillante hospitalité qu'il
yavait reçue. De là le bienheureux Martial, accompagné de ses disciples, vint au bourg d'*Age-
dunum*, Ahun, où les idoles étaient en grande
vénération ; y étant entré, il prêcha l'Évangile,
chassa les démons, et rendit la vue aux prêtres
idolâtres, qui l'avaient perdue en punition des
mauvais traitements qu'ils avaient fait éprouver
aux serviteurs de Dieu.

Pendant que Martial demeurait en ce lieu,
Notre-Seigneur lui apparut en songe et lui dit :
« Ne crains pas d'aller à Limoges, parce que c'est
« là que je te glorifierai et que je serai toujours
« avec toi. » — Alors l'apôtre du Seigneur,
ayant réuni tous ceux qui avaient été baptisés (et
il y en avait plus de deux mille), il leur fit con-

naître ce que le Seigneur lui avait dit, et après
avoir appelé sur eux les bénédictions du ciel, il
se mit en chemin avec ses disciples pour se rendre à Limoges.

Étant entrés dans la ville, ils reçurent l'hospitalité d'une bonne dame, nommée Radegonde,
dont l'habitation était voisine du château. Dès
le lendemain de son arrivée, le bienheureux
Martial commença à prêcher publiquement l'É-
vangile, et sa prédication fut suivie d'innombrables miracles. Il y avait en ce temps-là dans
le château un pauvre frénétique étroitement lié
de fortes chaînes et que personne n'osait aborder,
à cause des violents excès auxquels il se laissait
emporter quand il était plus tourmenté par le
mal. Le serviteur de Dieu, ayant entendu un
bruit extraordinaire dans le château, en demanda
la cause, et, l'ayant apprise, il alla faire une vi-
site à Suzanne, qui, instruite de tous les prodiges
opérés par le bienheureux Martial, le supplia de

guérir ce malade comme il avait guéri les autres.
A quoi il répondit : « Si vous croyez, vous ver-
« rez la gloire de Dieu. » Ému d'une tendre
compassion pour cet infortuné, il fit sur lui le
signe de la croix : ses chaînes se brisèrent aussitôt, et il fut entièrement guéri. Émerveillées
de la puissante efficacité du signe de la croix, et
profondément touchées du miracle, Suzanne et
Valérie pressèrent de questions le bienheureux
Martial, et lui fournirent ainsi l'occasion de leur
découvrir les mystères de la foi et de leur développer les ravissantes beautés de la morale évangélique. Comme la grâce de l'Esprit-Saint agissait
puissamment dans ces âmes heureusement pré-
parées, le saint apôtre du Limousin n'eut pas
beaucoup de peine à leur persuader d'embrasser
le christianisme. La vénérable Suzanne et sa fille
se jetèrent à ses pieds, lui demandant de les
baptiser. Le bienheureux Martial leur octroya
cette faveur, et, pendant qu'il priait le Seigneur

pour elles, toutes les deux furent remplies de l'Esprit-Saint. Six cents serviteurs de la maison de Suzanne, affranchis ou esclaves, reçurent également le baptême, et cette opulente maison fut inondée des plus brillants rayons de la foi chrétienne.

Peu de temps après, la vénérable Suzanne passa à une vie meilleure; son âme fut reçue par les Anges et transportée dans le sein de la lumière éternelle, pour y jouir de l'incomparable félicité des élus. Le bienheureux Martial voulut lui-même veiller à sa sépulture; il fit embaumer son corps avec les parfums les plus précieux, et lui donna les preuves de la plus touchante vénération. Cette épreuve si douloureuse pour le cœur de Valérie, n'ébranla ni sa foi ni sa constance, et, sans hésiter un seul instant, elle résolut de s'avancer de plus en plus dans les voies de la perfection chrétienne. Elle fit don à saint Martial de riches présents, de nombreux bénéfices, de beaucoup de vignes et de terres. Elle déposa aussi entre ses mains une grande partie de l'or, de l'argent et des pierres précieuses qu'elle avait trouvés dans le trésor de sa maison. De plus, elle lui donna un grand nombre de serfs, afin que, lorsque cet homme de Dieu passerait du temps à l'éternité, ces serfs, devenus de fervents serviteurs du Très-Haut, s'occupassent, au lieu même de sa sépulture, de louer le Seigneur et d'honorer la mémoire du saint apôtre. S'attachant ensuite à ses pas, elle profita merveilleusement des leçons de sagesse qu'il voulut bien lui donner, et elle pénétra bientôt dans les plus hauts secrets de la vie chrétienne. Elle écoutait avec une indicible satisfaction les enseignements élevés de son saint maître, s'instruisait solidement de tous les mystères de la foi, et gravait profondément en son cœur les maximes de l'Évangile. Elle ne se contenta pas de porter le joug des préceptes, elle se crut encore appelée à la pratique des conseils évangéliques. Ses progrès dans la vertu furent rapides ; et tout en elle révélait une âme enrichie des dons célestes, et appartenant désormais plus au divin séjour qu'à la terre.

CHAPITRE TROISIÈME.

CHAPITRE III

Vie édifiante de Valérie. — Travaux de saint Martial. — Triomphe du christianisme à Limoges.

L'ordre le plus parfait régnait dans la maison de Valérie, devenue l'asile du saint apôtre, dont elle était la fille spirituelle. Là se réunissaient en foule ceux qui venaient de toutes parts demander à saint Martial la guérison de leurs maladies ou la grâce du baptême. Sainte Valérie voulait que les étrangers y fussent généreusement hébergés; et les plus pauvres d'entre eux étaient l'objet d'un soin tout particulier de la part de notre illustre vierge, qui voulait leur rendre elle-même les services les plus humbles, les plus abjects et les plus révoltants aux yeux du monde. Ses vertus, en lui conciliant l'estime et le respect des habitants de la cité, ajoutaient au prestige de son rang et lui donnaient une influence et un pouvoir devant lequel s'inclinaient les hommes les plus considérables et les dépositaires mêmes de l'autorité. Les enfants du paganisme, subjugués déjà par l'éclat de sa naissance, rendaient hommage à ses précieuses qualités et lui montraient, en toute occasion, une déférence sans bornes. Il semblait que la dignité du proconsulat dont son père avait été investi, étendît encore sur elle un de ses brillants reflets.

Fort de son appui et comptant sur l'influence du nom et du rang de Valérie, le bienheureux Martial s'en allait par les rues et dans les carrefours, prêchant, exhortant, catéchisant et amenant au bercail de Jésus-Christ une foule de gens de tout âge, de tout rang, de toute condition.

Les prêtres des idoles en furent profondément irrités, et, s'étant saisis de l'apôtre et de ses disciples, ils les enfermèrent dans une obscure prison, après les avoir cruellement fouettés.

Le jour suivant, vers la troisième heure du jour, pendant que le bienheureux Martial priait avec ferveur et demandait au Seigneur de manifester la gloire de son nom en dissipant merveilleusement les épaisses ténèbres dont ils étaient enveloppés, une vive lumière brilla dans le cachot avec l'éclat du soleil, et les chaînes des généreux confesseurs de la foi furent brisées et tombèrent à leurs pieds; les portes mêmes de la prison s'ouvrirent, et les gardes chargés de veiller sur eux se jetèrent aux genoux du saint apôtre en lui demandant le baptême. La terre trembla, et une violente commotion se fit sentir dans la ville; on entendit un grand bruit de tonnerres; les prêtres des idoles qui avaient frappé les serviteurs de Dieu, furent tués par un coup de foudre, et les païens, tremblants, éperdus, se réfugièrent dans leurs temples, espérant y trouver un abri assuré contre les vengeances célestes. Mais, se ravisant bientôt, ils allèrent à la prison, en firent sortir les serviteurs de Dieu, et se jetant aux pieds de saint Martial, ils lui dirent : «Très-saint père, si, au nom de ton Dieu,

« tu ressuscites ces hommes frappés par la

« foudre, tous ensemble nous croirons en lui. »

Le bienheureux Martial, élevant aussitôt ses mains vers le ciel, fit cette prière : « Seigneur, vous nous

« avez dit : Ayez foi en Dieu, en vérité je vous dis

« que quiconque dira à cette montagne : lève-toi,

« et jette-toi dans la mer, et n'hésitera point dans

« son cœur, mais croira que tout ce qu'il aura

« dit se doit faire, cela lui sera réellement fait.

« Eh bien, nous avons foi que vous ressusciterez

« ces hommes par les mains de vos serviteurs. »

Après avoir ainsi parlé, il s'avance gravement vers les cadavres gisants devant lui, et leur dit : « Au

« nom de Notre-Seigneur Jésus-Christ, crucifié
« par les Juifs et ressuscité le troisième jour d'en-
« tre les morts, levez-vous, et dites au peuple ce
« qu'il doit faire. » Se levant aussitôt, Aurélien
et André se précipitèrent aux pieds de saint
Martial et de ses pieux compagnons, en s'é-
criant : « Nous avons péché contre vous par
« ignorance ; mais, nous le confessons aujour-
« d'hui, il n'y a pas d'autre Dieu dans le ciel et
« sur la terre que celui de cet homme juste et
« saint. » Tout le peuple se joignit à ces prêtres
des idoles ressuscités et convertis ; et le jour
suivant saint Martial administra le sacrement
de baptême à vingt-deux mille personnes de
tout âge, de tout état et de toute condition. Ils
allèrent ensuite au temple des idoles, brisèrent
les statues de Jupiter, de Mercure, de Diane, de
Vénus, et, après l'avoir purifié par la prière, saint
Martial le consacra au vrai Dieu et le plaça sous
le vocable de saint Étienne, premier martyr.

CHAPITRE QUATRIÈME

CHAPITRE IV

**Progrès de Valérie dans les voies de la piété ;
elle distribue ses biens aux pauvres et se
consacre à Dieu par le vœu de virginité.**

Pendant que s'accomplissaient tous ces prodiges de la grâce, Valérie était assidue aux
prédications du saint apôtre, et elle recueillait
en son cœur, avec une sainte avidité, les paroles
de salut et de vie, pour en faire la nourriture de
son âme. Remplie de l'esprit de Dieu, elle passait les jours et les nuits en oraison, s'adonnait
aux jeûnes, aux saintes veilles et à toutes les
œuvres de miséricorde, préludant ainsi, sans le

3

savoir, aux rudes combats qu'elle aurait à soutenir un jour, pour la gloire de Dieu, contre le monde et l'enfer. Dieu ayant répandu dans son âme les plus vives lumières de sa grâce, elle comprit le néant et la vanité des plaisirs et des richesses périssables de ce monde, et quoique, depuis longtemps, elle pût se considérer comme la fiancée du nouveau proconsul, elle résolut de renoncer à toutes les grandeurs et à l'honneur de cette alliance, pour n'avoir d'autre époux que le Roi du ciel et de la terre, notre Sauveur Jésus-Christ. Elle alla donc trouver saint Martial, se prosterna à ses pieds, et prononça devant lui le vœu de virginité, promettant au Seigneur de lui demeurer invinciblement unie.

Dieu agréa et bénit ce sacrifice d'agréable odeur, et il enrichit le cœur de cette pieuse vierge de ses dons les plus admirables; et Valérie devint dès lors une des gloires les plus pures de cette Église naissante. Le saint apôtre, dont elle suivait tous les conseils avec une humble docilité, prêchant un jour à tous les fidèles assemblés, leur expliquait la réponse de notre divin Maître à un jeune homme qui, s'approchant de sa personne sacrée, lui avait dit : « Bon maî- « tre, que ferai-je de bon pour avoir la vie éter- « nelle? — Jésus lui répondit : Pourquoi m'in- « terroges-tu sur ce qui est bon? Dieu seul est « bon; mais si tu veux entrer dans la vie, garde « les commandements. — Lesquels? demanda- « t-il. — Jésus répondit : Tu ne tueras point ; « tu ne commettras point d'adultère; tu ne dé- « roberas point; tu ne rendras point de faux « témoignage : honore ton père et ta mère, et « aime ton prochain comme toi-même. — Le « jeune homme lui dit : J'ai observé tout cela « dès ma jeunesse, que me manque-t-il encore? « — Jésus lui dit : Si tu veux être parfait, va, « vends ce que tu as, et donne-le aux pauvres, « et tu auras un trésor dans le ciel; viens en-

« suite et suis-moi. » Ces paroles pénétrèrent
Valérie jusqu'au fond de l'âme, et tout embrasée
d'amour pour le divin Époux dont elle avait fait
choix, elle souhaita ardemment d'arriver à cette
haute perfection, fruit précieux de la sainte
pauvreté. Aussi, dès ce moment, elle se mit à
distribuer aux pauvres tout ce qui lui restait de
plus précieux, ses diamants, son or, son argent,
ses plus beaux vêtements, et elle se dépouilla des
esclaves et des vastes domaines que depuis longtemps, de concert avec sa pieuse mère, elle avait
donnés à saint Martial, pour subvenir aux besoins
de l'Église et y fonder d'utiles institutions.

Pauvre volontaire, Valérie suivit avec plus de
perfection la voie des vierges ; et, aux yeux du
monde, elle ne perdit rien de sa dignité et de
l'influence que lui assurait son illustre origine.
« Qu'on ne méprise plus la pauvreté, s'écrie
« Bossuet, et qu'on ne la traite plus de rotu-
« rière. Il est vrai qu'elle était de la lie du peu-

« ple, mais le Roi de gloire l'ayant épousée, il
« l'a ennoblie par cette alliance, et ensuite il
« accorde aux pauvres tous les priviléges de
« son empire. »

Notre Sauveur Jésus-Christ est l'amant et le
chaste époux des vierges ; il se glorifie d'être
appelé le fils d'une vierge ; il veut absolument
qu'on lui amène les vierges ; il les a toujours en
sa compagnie ; elles suivent cet Agneau sans
tache partout où il va. La virginité et la pauvreté
sont donc deux vertus, ou plutôt deux titres in-
contestables à l'amour de préférence du Sauveur Jésus, et aucune autre chose ne saurait
mieux préparer l'âme aux glorieux combats du
martyre.

« Martyr ou témoin, dit Bossuet, c'est la
« même chose. On appelle martyrs de Jésus-
« Christ ceux qui, souffrant pour la foi, en ont
« témoigné la vérité par leur patience et l'ont
« scellée de leur sang. » Or, je le demande,

peut-on plus noblement et plus saintement pré-
luder à cette glorieuse et publique profession de
la foi chrétienne, que par l'immolation généreuse de l'esprit et du cœur dans l'état de virginité, et par le dépouillement volontaire des
biens périssables de ce monde? Ainsi en ont agi
les plus illustres martyrs des premiers siècles,
tels que saint Laurent, saint Pancrace, saint
Sébastien, sainte Cécile, sainte Agathe et sainte
Agnès. Notre illustre vierge suivit ces beaux
exemples sans les connaître, et elle se prépara,
pour ainsi dire à son insu, à cette grande lutte
où elle obtint la palme du martyre.

CHAPITRE CINQUIÈME

CHAPITRE V

Arrivée de Silanus à Limoges. — Son entrevue avec Valérie. — Il la condamne à mort.

Ce grand sacrifice était à peine consommé, lorsqu'arriva à Limoges le proconsul Julianus Silanus, le fiancé de Valérie. Il était investi des plus grands pouvoirs, et avait le gouvernement de toute la contrée du Rhône à l'Océan jusqu'aux Pyrénées. Instruit à l'avance de la conversion de Valérie au christianisme, de ses prodigieuses largesses et de sa résolution de vivre dans l'état de virginité, il voulut dissimuler le plus possible son indignation et son dépit ; il l'envoya

3.

chercher et lui commanda de comparaître devant lui. Valérie se hâta d'obéir, et, avec un maintien grave et plein de modestie, elle se mit à ses genoux et attendit humblement qu'il lui plût de l'interroger. A sa vue, Silanus ne put contenir sa colère, et, d'une voix altérée et hautaine, il lui demanda s'il était vrai qu'elle eût donné sa foi à un autre époux, et quel était l'audacieux mortel qui avait osé courir sur ses brisées et lui ravir le cœur et l'amour de sa fiancée. Valérie, prenant alors la parole avec une modestie tout angélique, lui répondit qu'elle s'estimerait la plus malheureuse et la plus indigne des créatures, si jamais elle avait eu la pensée de lui préférer quelqu'autre que ce fût ; mais que, obéissant à une divine inspiration, elle avait donné son cœur et son amour au Roi du ciel et de la terre, dont elle était devenue l'épouse en s'unissant à lui par le vœu de virginité. Elle ajouta que non-seulement elle ne voyait en cela rien

qui pût l'offenser, mais qu'il devait même s'en
trouver fort honoré, puisqu'en réalité elle ne
mettait au-dessus de lui, dans son estime, que le
Créateur du ciel et de la terre, le Rédempteur
des hommes, mort sur la croix pour les faire ré-
gner avec lui dans le ciel. « C'est à l'apôtre de
« ces heureuses contrées, à Martial, disciple de
« Jésus-Christ, dit-elle, que je suis redevable
« de cet insigne honneur. Comme moi, soyez
« docile à sa voix, apprenez à connaître le vrai
« Dieu, soyez chrétien, soyons vierges tous les
« deux, et nous demeurerons éternellement unis
« dans les liens de la céleste dilection. » Outré
de colère, navré de douleur et de honte, Silanus
coupa court à cet entretien, et, sans plus rien
entendre, il la condamna à la peine capitale, et
chargea Hortarius, son écuyer, de veiller à l'exécution de la sentence.

La généreuse détermination de Valérie ren-
versait en un instant les rêves de fortune de

Silanus; il était frustré dans ses plus légitimes
espérances, et sans doute se sentait profondément blessé dans son orgueil. Mais, comme la
plupart des grands de Rome, il était aussi plein de
haine pour la religion du Galiléen, et au foyer de
sa famille toute patricienne il avait, à coup sûr,
puisé le mépris des chrétiens, dont l'invincible
courage au milieu des plus cruelles tortures était
considéré comme une vraie folie par les idolâtres. Aussi Silanus obéit-il à ce double sentiment
de mépris et de haine, en prononçant contre
Valérie une sentence de mort.

« Durant le temps des persécutions, dit Bos-
« suet, deux spectacles de piété édifiaient les
« hommes et les Anges : les chrétiens en prison
« et les chrétiens en liberté, qui semblaient en
« quelque sorte disputer ensemble à qui glori-
« fierait le mieux Jésus-Christ, quoique par des
« voies différentes..... En ces prisons bienheu-
« reuses dans lesquelles les saints martyrs

« étaient renfermés, ni les plaintes, ni les mur-
« mures, ni l'impatience n'y paraissaient pas :
« elles devenaient des temples sacrés qui ré-
« sonnaient nuit et jour de pieux cantiques.
« Leurs gardes en étaient émus ; et il arrivait,
« pour l'ordinaire, qu'en gardant les martyrs,
« ils devenaient chrétiens. Celui qui gardait
« saint Paul et Silas fut baptisé par l'Apôtre ;
« mais si les martyrs travaillaient à gagner leurs
« gardes, ce n'était pas pour forcer leurs pri-
« sons : ils ne tâchaient, au contraire, de les at-
« tirer, que pour les rendre prisonniers avec eux
« et en faire des compagnons de leurs chaînes.
« O gloire de ces prisonniers, qui, tout chargés
« qu'ils étaient de fers, se rendaient maîtres de
« leurs propres gardes pour en faire des victimes
« de Jésus-Christ! Tels étaient les chrétiens en
« prison. Mais jetez maintenant les yeux sur
« ceux que la fureur publique avait épargnés :
« voici quels étaient leurs sentiments. Ils avaient

« honte de leur liberté et se la reprochaient à
« eux-mêmes ; mais ils entraient fortement dans
« cette pensée, que Dieu ne les ayant pas jugés
« dignes de la glorieuse qualité de ses prison-
« niers, il ne leur laissait leur liberté que pour
« servir ses martyrs. Prenez, mes frères, ces
« sentiments que doit vous inspirer l'esprit du
« christianisme, et faites avec moi cette ré-
« flexion importante. Dieu fait un partage dans
« son Église : quelques-uns de ses fidèles sont
« dans les souffrances ; les autres, par sa vo-
« lonté, vivent à leur aise. Ce partage n'est pas
« sans raison, et voici sans doute le dessein
« de Dieu. Vous qu'il exerce par les afflictions,
« c'est qu'il veut vous faire porter ses marques ;
« vous qu'il laisse dans l'abondance, c'est qu'il
« vous réserve pour servir les autres. Donc,
« ô riches, ô puissants du siècle, tirez cette con-
« séquence, que si, selon l'ordre des lois du
« monde, les pauvres semblent n'être nés que

« pour vous servir, selon lès lois du christia-
« nisme, vous êtes nés pour servir les pauvres
« et soulager leurs nécessités. »

———————

CHAPITRE SIXIÈME

CHAPITRE VI

Martyre de sainte Valérie.— Prodiges éclatants qui suivirent sa mort.

Justement fière du sort qui lui était réservé, Valérie, dont l'âme sainte surabondait de contentement et de joie, allait au supplice le sourire sur les lèvres, comme si elle fût allée à une partie de plaisir. Jamais on ne la vit plus satisfaite : l'assurance de son regard, la fermeté de sa démarche, sa parole toujours calme et mesurée, étaient une preuve convaincante du bonheur qu'elle ressentait en elle-même, et montraient combien elle s'estimait heureuse de prouver au céleste Époux l'amour dont elle était consumée pour lui, en répandant son sang pour la gloire de son nom. Chemin faisant, elle dit à Hortarius qui la conduisait au supplice : « Quelle erreur est la vôtre !

« Insensé, vous croyez me conduire à la mort,
« et je cours à la vie ; mais vous, vous mourrez
« cette nuit. Que deviendront vos trésors et vos
« richesses ? » Puis, étant arrivée au lieu de l'exécution, elle éleva ses mains vers le ciel, et s'adressant à Jésus-Christ, elle lui dit : « Mon
« Sauveur Jésus, mon Seigneur et mon Maître,
« vous avez daigné m'appeler par votre grâce à la
« connaissance de votre saint nom, et votre ser-
« viteur, le bienheureux Martial, m'a fait connaî-
« tre vos ineffables bontés et les desseins misé-
« ricordieux de votre tendresse sur moi, votre
« pauvre et indigne servante. Pour reconnaître
« cette immense faveur, j'ai dédaigné les allian-
« ces de la terre, et je me suis unie à vous par
« un lien sacré, par un vœu irrévocable ; car je

« ne voulais pas qu'aucune puissance au monde
« pût me priver de vos noces et de votre lit nup-
« tial. C'est donc pour vous, et parce que je ne
« veux pas être séparée de votre foi et de votre
« amour, que je vais mourir ; envoyez à mon se-
« cours les Anges du ciel, pour me protéger et
« me défendre contre les dangereuses entre-
« prises du démon, et faites que je vous sois
« éternellement unie dans la sainte Jérusalem. »

Comme elle achevait de prier, on entendit une
voix d'en haut lui répondre : « Ne crains rien,
« Valérie, les Anges te contemplent avec ravis-
« sement, ils envient ton bonheur, et ils s'apprê-
« tent à te recevoir dans les splendeurs éter-
« nelles de Sion. »

A ces paroles, le visage de Valérie s'illumina
d'un brillant rayon, et un reflet lumineux des joies
célestes sembla s'abaisser sur elle. Puis la glorieuse vierge ayant élevé ses regards vers le ciel,
s'écria : « Mon Dieu, mon Père, je remets mon

« esprit entre vos mains. » Ayant dit ces mots, elle courba la tête, et le bourreau la lui trancha d'un seul coup. Au même instant, tous les spectateurs de cette scène émouvante, chrétiens ou païens, virent sortir du corps de sainte Valérie son âme toute éblouissante de lumière comme le soleil, et les Anges la transportèrent au ciel dans un globe de feu, en faisant retentir les airs de chants harmonieux et de ravissantes mélodies.

Les célestes Intelligences répétaient en chœur des hymnes sacrés et disaient : « Gloire à vous, « Valérie, généreuse martyre du Christ, vous « avez gardé les commandements du Seigneur « et vous les avez persévéramment observés en « sa présence ; venez donc dans la splendeur de « la lumière éternelle, où vous règnerez à ja- « mais avec l'Époux de votre choix [1]. »

[1] Tous ces détails et ceux qui vont suivre sont empruntés à l'*Histoire de saint Martial*, par le Père Bonaventure de Saint-Amable, carme déchaussé.

Cependant, alors que le bourreau contemplait avec une secrète satisfaction l'œuvre de destruction et de mort qu'il venait de consommer, il fut surpris, et tout le peuple avec lui, de voir le corps de la bienheureuse martyre se lever de terre, prendre sa tête avec ses deux mains, et, comme s'il était encore plein de vigueur et de vie, s'avancer d'un pas assuré à travers la ville et se diriger vers le lieu où était alors saint Martial. Le bienheureux apôtre était allé, dès le matin, à la basilique de Saint-Étienne, et il y offrait l'adorable sacrifice, afin d'obtenir à sa chère Philothée Valérie, la force et le courage dont elle avait besoin pour consommer généreusement son immolation et conquérir les palmes glorieuses du martyre.

S'approchant de l'autel où saint Martial offrait la Victime du monde au Père Éternel, elle déposa doucement sa tête à ses pieds, et son corps s'étendit sur le parvis sacré. Des gouttes

de sang tombées du chef de sainte Valérie
s'incrustèrent en quelque sorte dans le marbre
de l'autel, disent plusieurs chroniqueurs; et
l'auteur du manuscrit dont nous avons déjà
parlé, raconte que de son temps il était facile
de reconnaître ces taches de sang sur l'autel
de la chapelle, à l'entrée de l'église, à main
gauche. C'était, assurent-ils, le lieu même où
saint Martial disait la messe, lorsque cette sainte
et glorieuse martyre, qui lui avait confié la garde
de sa virginité, vint lui confier le soin d'inhumer
son corps virginal, ne voulant pas qu'aucun
autre lui rendît ce devoir.

Sainte Valérie ne se borna point à mettre sa
tête aux pieds de saint Martial; elle voulut aussi
laisser en ce lieu une marque indélébile et
irrécusable de son esprit d'obéissance et de
son martyre, en imprimant les traces profondes
de ses pieds sur un marbre qui, retrouvé dans
le onzième siècle, fut mis à découvert et exposé

à la vénération des fidèles. Cette pierre précieuse, soigneusement conservée pendant plusieurs siècle s, était visitée, touchée, religieusement baisée par de nombreux pèlerins désireux de participer aux mérites et à la puissante intercession de la glorieuse servante de Dieu. « Ce témoignage « célèbre du martyre et du mérite de sainte « Valérie se voit jusqu'aujourd'hui, dit un ancien « auteur de sa vie, parce que ce marbre qui « en est le dépositaire fut mis à découvert et « exposé publiquement à tous, pour contenter « la dévotion du peuple afin qu'on le pût voir « et toucher, et participer par ce moyen aux « mérites et intercessions de la sainte.

« Les prodiges du martyre de sainte Valérie, « ou les marques d'icelui, sont si universelles « dans Limoges, que non-seulement les églises « en chantent l'office au chœur et à l'autel, « mais aussi les anciennes figures peintes ou de « pierre la représentent décollée, tenant sa tête

4

« entre ses mains. Et comme l'ancienne dévo-
« tion des habitants loge presque à chaque coin
« de rue des images en bosse de la Vierge, il y
« en a pareillement de sainte Valérie tenant
« sa tête en ses mains (1). »

Le même prodige a eu lieu dans le martyre
de saint Denys l'Aréopagite converti à la foi
chrétienne par l'apôtre saint Paul, dont-il fut le
compagnon inséparable dans son voyage à Thes-
salonique. Il fut d'abord Évêque d'Athènes;
puis, sous le pontificat de saint Clément, suc-
cesseur de saint Pierre, il vint dans les Gaules,
et arriva à Lutèce ville des *Parisii*, dont il fit
le centre et le siége de sa mission. Ces éclatantes
manifestations de la puissance divine ont été

(1) Nous empruntons cette citation à l'excellent ouvrage de M. Charles Barthélemy, *Les vies de tous les saints
de France*. Cet écrivain s'est généreusement dévoué à
la cause de l'Église, et il lui consacre incessamment ses
veilles, sa profonde érudition et son talent dans la
rédaction des annales hagiologiques de la France.

en butte aux plus violentes attaques de l'impiété
et de l'ignorance ; mais les vaines déclamations
des ennemis de la religion ne sauraient prescrire
contre les témoignages irréfragables de l'histoire,
de la tradition et des monuments.

CHAPITRE SEPTIÈME

CHAPITRE VII

Effrayé de tant de merveilles, et tourmenté d'ailleurs par la crainte et le remords, Hortarius se hâte d'aller informer le proconsul de tout ce qu'il avait vu, et il ajoute qu'en allant au supplice la jeune fille lui avait annoncé sa mort pour ce jour-là ; ces dernières paroles expiraient à peine sur ses lèvres, qu'il tombe roide mort aux pieds de Junius Silanus.

Une mort si prompte et si inattendue consterna le proconsul, et jeta l'épouvante dans son

âme, et il donna de sincères regrets à son écuyer
dont il avait longtemps apprécié la fidélité, le
dévouement, et qui était de sa part l'objet d'une
prédilection bien marquée parmi les officiers
attachés à sa maison. Compatissant à sa vive
douleur, les chrétiens lui conseillèrent de faire
appeler le saint apôtre Martial, plus capable
qu'aucun autre de lui donner de salutaires et
efficaces consolations. Junius Silanus s'empressa
de faire appeler le saint, et, dès qu'il fut en sa
présence, il lui témoigna toute la douleur que
lui causait la mort d'Hortarius, son écuyer, et,
se jetant à ses pieds, il le supplia de le rappeler
à la vie, lui promettant de faire ensuite tout ce
qu'il voudrait. Le bienheureux apôtre prit de
là occasion de lui parler de la naissance, de la
vie, de la mort et des mérites de Notre-Seigneur
Jésus-Christ qui, étant avec son Père, Créateur
du ciel et de la terre, avait entre ses mains les
clefs de la vie et de la mort. Ce même Jésus-
Christ, ajouta-t-il, en acceptant et en souffrant la

mort temporelle sur la croix, a détruit l'empire
de la mort éternelle, et, en délivrant les hommes
de la tyrannie des démons, il leur a ouvert la
voie qui les conduit infailliblement à la vie des
siècles sans fin. « Et pour vous prouver, dit-il
« encore, la vérité de la doctrine que je vous
« prêche, je vais prier le Seigneur d'exaucer
« votre prière. » Prenant alors Hortarius par la
main, il lui commande de se lever au nom de
Jésus-Christ, seul vrai Dieu et créateur de toutes
choses. Docile à cette voix puissante, le mort re-
vient à la vie, il se prosterne aux pieds de saint
Martial, et proteste à haute voix que bien cer-
tainement il est le serviteur du vrai Dieu, et qu'il
n'y a point d'autre Dieu que celui du bienheureux apôtre.

« J'ai péché, ô saint de Dieu, dit Hortarius,
« j'ai péché en répandant le sang du juste. Mais
« donnez-moi, je vous en supplie, le baptême
« de la pénitence. »

A la vue de ce miracle, le proconsul Junius Silanus se précipita aux pieds de saint Martial, demandant le pardon et la rémission du crime dont il venait de se rendre coupable. Et l'homme de Dieu, après lui avoir imposé une pénitence pour le meurtre de la vierge Valérie, lui donna le baptême ainsi qu'à toute sa suite et au peuple, sans distinction de sexe et de condition; quinze mille personnes reçurent le baptême en cette occasion. Junius Silanus prit au baptême le nom d'Étienne, il combla l'apôtre de présents pour qu'il les employât en bonnes œuvres, il ruina les temples des idoles, fit construire de nombreuses églises en l'honneur du vrai Dieu, et consacra les immenses possessions qu'il avait en Limousin à enrichir les églises, et à mettre à l'abri de la pauvreté les clercs qui devaient y être employés au service des autels. Il voulut qu'on élevât une église sur le tombeau de sainte Valérie, et il ordonna de bâtir un hôpital où, en l'honneur de cette bienheureuse vierge et martyre, seraient nourris, tous les jours, trois cents pauvres des plus délaissés de la ville. Il institua aussi un autre hôpital de pauvres en son nom et au nom du bienheureux Martial, et il voulut que tous les jours on y distribuât la nourriture à six cents pauvres, et il supplia humblement saint Martial de permettre qu'après sa mort son corps fût inhumé auprès du tombeau du bienheureux apôtre.

Pendant de longues années, malgré ses pieuses et incessantes libéralités, le duc Étienne ne put échapper à l'amertume des regrets que lui causait la mort de Valérie; sans cesse il se reprochait de l'avoir fait mourir si précipitamment et si injustement; partout elle s'offrait à ses regards; et la nuit même, en proie à une cruelle insomnie, il ne pouvait distraire sa pensée du souvenir de son crime. Mais, ayant été mandé en Italie avec un corps d'armée, il profita de l'occasion

pour aller à Rome ; et, accompagné de sa suite,
les pieds nus et le corps revêtu d'un cilice, il
se prosterna aux pieds de l'apôtre saint Pierre
en lui demandant le pardon et l'absolution du
martyre de la bienheureuse vierge Valérie. Le
vicaire de Jésus-Christ, profondément ému de
ce qu'il entend, abaisse ses regards sur le duc
Étienne, et, voyant son visage inondé de larmes,
l'état d'humiliation et de pénitence où il s'est
volontairement réduit, il le délie de ses péchés
et rend la paix à son âme par la puissante
efficacité de sa bénédiction apostolique. De
retour à Limoges, le duc Étienne s'y employa
à toutes sortes de bonnes œuvres, jusqu'à ce
que, rappelé à Rome par l'empereur, il fut envoyé en qualité de proconsul en Asie. Fidèle à
la foi de son baptême, il y fit publiquement
profession du christianisme, et il se fit toujours
remarquer par son humilité, par le mépris des
grandeurs du monde, par l'exactitude et la ré-

gularité de sa vie, par la justice et l'équité de
ses sentences, et par ses pieuses libéralités.
Tacite, qui ne le connaissait que sous son nom
de famille, en fait un très-grand éloge au XIIIe
livre de ses *Annales*, et il dit que l'empereur
avait accoutumé de l'appeler la *brebis d'or*.
A l'insu de Néron, Agrippine le fit empoi-
sonner parce qu'elle redoutait son influence et
son inflexible vertu. Aurélius et Anstérius firent
transporter sa dépouille mortelle à Limoges,
ainsi qu'il en avait toujours exprimé le désir,
et saint Martial, encore vivant, présida à ses
obsèques, et l'ensevelit dans le lieu qu'il avait
lui-même désigné.

CHAPITRE HUITIÈME

CHAPITRE VIII

Culte rendu à sainte Valérie. — Translation de ses reliques à Chambon. — Miracles qui s'y opèrent.

Revenons à notre chère et illustre vierge et martyre, sainte Valérie : ce fut le dixième jour du mois de décembre qu'elle obtint la palme du martyre, sous l'empire de Claude Tibère; dès ce moment, son culte fut en grand honneur dans toute la contrée. Son corps reposa longtemps au lieu où l'avait inhumé saint Martial, et où le duc Étienne avait fait construire, en son honneur et sous son nom, une somptueuse église, à la gloire du vrai Dieu. Plus tard, à une époque qu'il est impossible de déterminer, ses précieux restes furent transférés dans l'église d'une très-ancienne abbaye de bénédictins, appelée Chambon, où ils reposent encore, à l'exception d'une fort petite portion conservée à la cathédrale de Limoges dans un très-beau reliquaire. Nous ne savons ni pourquoi ni comment se fit cette translation; mais il est à présumer qu'elle n'eut point d'autre cause que les fréquentes invasions des hordes barbares, qui plus d'une fois portèrent la dévastation dans la ville de Limoges, dont les pieux habitants voulurent sauver leurs plus riches trésors en les confiant à la garde des forteresses et des monastères voisins (1).

L'église de Chambon est fort ancienne et construite sur de vastes proportions; on y re-

_____

(1) Plusieurs écrivains fixent la translation de la précieuse relique à Chambon à l'époque de l'invasion des Normands, au neuvième ou au dixième siècle.

trouve le roman mêlé à l'ogive, avec quelques vestiges de fortifications qui attestent la plus haute antiquité. La ville, qui se forma autour de l'abbaye dont elle a pris le nom, appartenait à l'ancienne province de la Marche, au pays de Combraille; elle est située au fond d'une étroite vallée, non loin du confluent de deux petites rivières, appelées la Tarde et la Vouëze, dont les débordements ont souvent mis en danger la ville et les campagnes voisines. La tradition nous a conservé le souvenir émouvant des désastres causés par les eaux débordés de la Tarde et de la Vouëze, en l'an 985. Une pluie torrentielle grossissait de jour en jour les rivières dont les eaux s'étaient répandues dans les champs voisins, et dans leurs cours impétueux les eaux entraînaient les moulins, les hameaux et les ponts. La désolation était à son comble, et dans cette extrémité on eut recours à la puissante intercession de sainte Valérie. Les prières publiques étaient à peine commencées, et déjà les eaux se retiraient, les rivières rentraient dans leur lit, la pluie cessait, et la confiance renaissait dans tous les cœurs.

Ce prodige ne contribua pas peu à rehausser le culte rendu à sainte Valérie ; ses reliques furent placées dans une chapelle richement restaurée, et dès lors ont vit un plus grand nombre de pieux pèlerins accourir à son autel.

Peu de temps après, dit encore une vieille chronique, non loin de Chambon, dans un bourg autrefois fortifié, appelé Toulx (1), et

---

(1) Quelques hagiographes ont traduit *Tullus*, par Tulle, c'est une erreur. Tulle, en latin, se dit *Tutelus*. Puis à trois lieues de Chambon, dans le canton de Boussac (Creuse), il existe un village appelé Toulx-Sainte-Croix ; son origine remonte à la plus haute antiquité, les restes épars de son ancienne enceinte fortifiée attestent de son importance au point de vue stratégique. Les idoles y comptèrent autrefois de nombreux adorateurs, ainsi que l'attestent les nombreux *dolmen* gisant sur le plateau. Ce pays était traversé par une

où est clairement indiqué, par la tradition, le passage de saint Martial, il advint qu'un homme sourd et muet voulut visiter le tombeau de sainte Valérie. Dès qu'il y fut arrivé, il se prosterna jusqu'à terre, et, à défaut de la voix, il se prit à supplier ardemment, du fond de son âme, la miséricorde de Dieu de lui venir en aide par l'intervention d'une si grande vierge et martyre. La divine bonté, qui scrute le fond des cœurs,

grande voie romaine, et la tradition assure que saint Martial y a fait un assez long séjour.

Il ne saurait être question en cet endroit de la ville de Tulle, fort éloignée de Chambon, car à vol d'oiseau il n'y a pas moins de vingt lieues, et entre ces deux villes existent, encore de nos jours, d'affreux déserts, où l'on rencontre à peine quelques routes récemment tracées. Comment pourrait-on admettre qu'en ces temps reculés où Tulle et Chambon n'étaient que de simples monastères autour desquels vinrent se grouper plus tard quelques habitants effrayés de leur isolement, il existât entre ces deux villes des relations assez faciles et assez habituelles pour qu'un pauvre infirme pût et osât faire ce trajet?

écouta avec bienveillance sa demande, et, pour manifester le mérite de sainte Valérie, elle lui rendit l'ouïe et la parole dont il avait été privé pendant douze ans.

Cet homme d'une voix haute se mit à rendre grâce à Dieu et à sainte Valérie de ce qu'il pouvait parler et entendre suffisamment. Le moine prédicateur qui rapporte ce prodige, dans un sermon pour la fête de la sainte, assure que de son temps vivait encore un témoin oculaire de ce fait (1). Pour l'honneur de notre sainte, continue le même auteur, nous croyons devoir ajouter ce dont nous avons été nous-même le témoin, et que nous considérons comme un grand effet de la miséricorde divine.

Un homme appelé Samuel, qui demeure encore avec nous et qu'on dit avoir été laïque, et

(1) Ce manuscrit provient de l'abbaye de Saint-Martial à Limoges, et est actuellement à la bibliothèque impériale sous le n. 2768. A; nous l'avons déjà cité.

que vous connaissez, nous le savons, a été l'objet d'un prodige signalé et d'une grâce touchante par l'intercession de sainte Valérie. L'adorable providence de Dieu qui, pour appeler ses enfants à la connaissance de ses volontés saintes, se sert de toutes sortes de moyens, permit que cet homme fût soudain frappé d'une indicible terreur, au point qu'il s'attendait à une mort imminente et inévitable. Accourant vers nos frères, il les supplia de lui permettre de déposer ses armes et de recevoir le saint habit, afin que sous la bure, devenue la livrée de Jésus-Christ, il pût recevoir avec eux le denier de la rémunération qui sera donné, selon l'Évangile, à tous les ouvriers de la vigne du père de famille.

Cédant enfin à ses instances et à ses prières réitérées, nous consentîmes à la demande de cet homme, et, après qu'il eut déposé ses armes, nous lui donnâmes, selon la coutume monastique, l'habit de sainteté et de justice. Peu après, grâce à sa dévotion pour sainte Valérie, la crainte dont il avait été jusque-là tourmenté cessa entièrement et, plein de joie, il commença à vivre et à converser avec nous dans l'allégresse. La mort qu'il avait tant redoutée, et à laquelle il s'attendait chaque jour, l'épargna ; mais il mourut aux vanités, et aux appas du monde dont il avait été l'esclave ; et maintenant il s'efforce de vivre et de marcher dans les voies de la sainteté.

CHAPITRE NEUVIÈME

CHAPITRE IX

Suite des miracles opérés par sainte Valérie.

La bienheureuse vierge Valérie était la thau-
maturge de toute la contrée, et chaque jour de
nouveaux prodiges s'accomplissaient à son autel
aux yeux du peuple. Voici un de ces miracles
arrivé au jour anniversaire de son martyre, il
excita l'admiration et la reconnaissance de tous
ceux qui en furent les témoins.

Il existait alors une femme dont les membres
étaient tellement contractés, qu'elle ne pouvait se
tenir debout ni poser ses pieds par terre. Ses pa-
rents et ses proches l'ayant transportée sur leurs

bras dans l'église de Chambon, vers le milieu
de la célébration des saints mystères, elle se mit
à pousser de grands cris en pleurant, comme si
elle eût été violemment tourmentée. Cependant
ses nerfs redevinrent flexibles, son corps s'étendit
et revint à sa taille naturelle ; puis, se levant de
terre, elle commença à marcher toute seule sans
le secours d'aucun appui, elle qui auparavant ne
pouvait se soutenir, et était obligée de se faire
porter sur les bras des personnes employées à
son service. A la vue de ce miracle, le peuple,
s'abandonnant à un pieux enthousiasme, se mit
à rendre d'immenses actions de grâces à Dieu
tout-puissant, et à admirer combien est efficace
auprès de lui la protection de l'illustre vierge
Valérie.

En ces temps-là, la province de la Marche et
le pays de Combrailles eurent beaucoup à souffrir des brigandages causés par Etienne, Aba-
bon et leurs partisans. Ces hommes barbares à

la tête de bandes armées promenaient le fer et
le feu dans les campagnes désolées. Sans aucune
crainte de Dieu, et, sans se soucier de l'effroi qu'ils
causaient aux populations, ils s'en allaient partout pillant, ruinant les moissons, volant les trou-
peaux de brebis, les bœufs et les chevaux, et ré-
duisant ainsi à la plus extrême misère le peuple
de ces malheureuses contrées.

Un de ces misérables pillards étant allé près
du monastère de Chambon s'empara d'un bélier
appartenant au troupeau des religieux qui s'ap-
pliquaient à louer Dieu et à dignement vénérer
sainte Valérie. Il mit ce bélier sur le cou de son
cheval afin de le porter plus commodément à son
logis, où il avait accoutumé d'enfermer le fruit de
ses nombreuses déprédations. Ce bélier échappa
néanmoins à la rapacité de ce brigand, grâce à
la bonté de Dieu et à l'heureuse médiation de
sainte Valérie ; mais le ravisseur fut puni de son
méfait, beaucoup moins cependant qu'il ne sem-

blait le mériter. Dieu ne le priva ni des sens ni
de l'intelligence, il permit seulement que le cheval sur lequel il était monté en emportant le bélier prît le mors aux dents, et demeurât furieux
et indomptable pendant toute le reste de sa vie.
Épouvanté par ce prodige, le brigand et ses
complices se hâtèrent de rendre, aux moines de
sainte Valérie, ce bélier avec vingt-cinq autres,
en les suppliant de prier le Seigneur de les épar-
gner et de ne pas leur faire sentir les coups terri-
bles de sa divine vengeance.

Par un juste jugement de Dieu, une femme,
du nom d'Amalberga, eut à souffrir de dures et
cruelles afflictions. Non-seulement son corps
fut en proie à d'insupportables douleurs, mais
son esprit encore fut bouleversé, et elle devint
folle, au point qu'elle n'avait plus la conscience
d'elle-même et de ses actes. Elle en vint à un
tel degré d'aliénation et de folie, qu'elle courait
à l'aventure les champs, les forêts, pénétrait

dans les tombeaux, dans les antres où se retiraient les bêtes fauves, dans les cavernes les
plus profondes, les plus inexplorées, ne cessant
de marcher que lorsque ses forces la trahissaient
et l'abandonnaient entièrement. Elle fuyait la
société des hommes, parce qu'elle ne pouvait se
persuader qu'elle fût une créature humaine.
Dieu daigna enfin jeter sur elle un regard plein
de miséricorde, et la visiter, tandis qu'épuisée
de lassitude elle gisait en un lieu solitaire et à
l'abri de tous les regards.

Un personnage au visage resplendissant de
beauté et vêtu d'habits blancs lui apparut et lui
fit entendre ces consolantes paroles : « Va au monastère de Chambon où a été déposé le corps
« de la très-heureuse vierge et sainte martyre,
« Valérie, et où s'élève un autel à la gloire de
« Dieu tout-puissant et en l'honneur de Martial,
« le très-illustre docteur de l'Aquitaine. Tu y
« fixeras ta demeure, car c'est là que Dieu, dans

« son infinie bonté, te rendra, par les mérites
« et l'intercession de ses saints, la santé du corps
« et l'usage de tes facultés intellectuelles. »

Cette femme se mit aussitôt en devoir d'obéir
aux ordres d'en haut et elle accourut au plus
vite au monastère de Chambon. Elle s'y établit
et ne voulut plus s'éloigner de l'église qu'elle
visitait plusieurs fois le jour, implorant sans
cesse l'infinie et très-clémente bonté de Dieu de
daigner lui venir en aide, selon sa promesse, par
l'intercession de la bienheureuse Valérie, vierge
et martyre, et par les suffrages du glorieux saint
Martial. Le ciel accueillit favorablement les
humbles prières de cette malheureuse affligée,
pour montrer une fois de plus combien précieux
étaient les mérites d'une si illustre vierge, et pour
manifester combien était efficace la protection
de l'apôtre du Limousin ; elle recouvra soudain
la santé du corps et la plénitude de la raison.
Après ce miracle, cette femme ne voulut plus

s'en aller de ce lieu béni, et jusqu'à la fin de sa vie, dans la mesure de ses forces et de ses ressources, elle s'employa avec zèle à l'ornementation des autels et à la propreté de l'église. Elle n'osait, sous quelque prétexte que ce fût, s'éloigner de ce lieu parce que cela lui avait été défendu par l'apparition dont nous avons parlé.

Il est encore une foule d'autres faits prodigieux dignes d'être rappelés, mais ils ont été trop profondément altérés en passant de bouche en bouche pour qu'il soit possible de les reproduire tels qu'ils se sont accomplis, et en présence de cette difficulté, quelque respectable que nous paraisse la tradition des âges passés, nous croyons plus prudent de les omettre, bien convaincus d'ailleurs que rien ne saurait ajouter à la confiance et à la vénération dont sainte Valérie est l'objet parmi les populations des pays environnants.

CHAPITRE DIXIÈME

CHAPITRE X

Son culte se répand par toute la France.

Le culte de sainte Valérie se répandit dans toute
la France, et sa mémoire était vénérée à Paris
dans l'église de Saint-Martial, restaurée par saint
Éloi au septième siècle. Après la tourmente ré-
volutionnaire, une église paroissiale fut élevée
dans la rue de Bourgogne sous le vocable de sainte
Valère, et c'est la même que sainte Valérie vierge
et martyre à Limoges; cette église vient d'être
supprimée et transformée en simple chapelle des
catéchismes de la paroisse de Sainte-Clotilde,
dont la circonscription comprend la plus large

part de celle de Sainte-Valère. Aussi de nos jours, un de nos plus habiles sculpteurs, M. Guillaume, vient-il de reproduire le saisissant tableau du martyre de notre sainte en deux bas-reliefs placés dans le pourtour du sanctuaire de la magnifique église de Sainte-Clotilde, où l'on voit aussi une chapelle dédiée à sainte Valérie dont la statue est placée au-dessus de l'autel. Le ciseau du sculpteur ne pouvait être plus exact et plus vrai ; il a répandu l'animation dans tous les personnages, on lit sur la physionomie de chacun d'eux l'expression des émotions diverses de leur âme, mais la tête de l'héroïne de cette scène émouvante est d'une perfection irréprochable comme type et comme sentiment. Puissent les efforts de l'art moderne raviver ainsi dans tous les cœurs la mémoire des saints dont s'honore notre beau pays de France ! Puissent-ils y faire surtout revivre la confiance et la dévotion des âges passés ! Puissions-nous voir se renouer ces intimes relations des humbles soldats de l'Église militante avec les saints de l'Église triomphante ! Obligés de combattre encore, les enfants de l'exil venaient chaque jour déposer aux pieds de ces héros couronnés toutes les fleurs les plus suaves de leurs pensées et de leur filiale vénération, et en ces temps plus heureux et plus croyants on voyait accourir à leur tombeau de toutes les parties de l'Europe une foule de pieux fidèles reconnaissants des bienfaits qu'ils en avaient reçus.

Dans notre vieille Europe le feu des bûchers s'est éteint depuis longtemps, et nous n'avons plus à redouter ces effroyables tortures dont la seule pensée glace l'âme d'épouvante ; mais la lutte des intelligences est acharnée, et nul ne saurait en prévoir l'issue, si nous n'avions pour nous rassurer la promesse de celui qui a les paroles de la vie éternelle : *Tu es pierre, et sur cette pierre je bâtirai mon Église, et les portes de l'enfer ne prévaudront point contre elle... voici que je suis avec vous jusqu'à la consommation des siècles.*

L'homme méchant s'est rué contre l'héritage de Jésus-Christ, il y sème l'ivraie à pleines mains ; que deviendraient les véritables enfants de Dieu, s'ils n'avaient pour s'édifier, se consoler et s'affermir dans les voies de la vérité, les exemples et les mérites des saints ? Appliquons-nous donc à la lecture des diptyques sacrés, des pieuses et édifiantes chroniques, afin de nous prémunir contre les dangereux progrès du scepticisme grossier qu'accréditent de plus en plus les romans, et les abjectes élucubrations d'une littérature perverse et dévoyée.

Les saints par leurs exemples nous enseignent les merveilles de la vie chrétienne, et nous apprennent à aimer et à rechercher les nobles vertus qu'ils ont si bien pratiquées. Tous les sentiments les plus élevés, les instincts les plus généreux sont familiers au cœur des saints.

Pleins d'amour pour leurs frères, compatissants à leur faiblesse, soucieux de leur bonheur, ils ont su se dépouiller de tous leurs biens, se résigner aux humiliantes privations de la pauvreté, et sacrifier même leur vie pour leur donner paix et bonheur. Où trouver une histoire plus attachante que celle de la vie et du martyre de sainte Valérie ? pourrait-on leur comparer les scènes ridicules et mesquines où les personnages imaginaires d'un incroyable roman se drapent fastueusement dans le nimbe d'une vertu chancelante, et se posent comme les invincibles athlètes du sentiment et de la raison ?

Mourir pour l'époux de son âme est un sort digne d'envie ; et, quoique bien jeune encore, notre illustre vierge le préféra à l'éclat de l'opulence et de la grandeur. Comme sainte Perpétue, elle fut encouragée au martyre par une céleste apparition, par une mystérieuse parole dont l'efficacité fut toute-puissante sur son cœur et sur son

esprit. « Après ma prière, dit sainte Perpétue,
« je vis une échelle d'or qui s'élevait jusqu'au
« ciel; mais si étroite qu'une seule personne
« pouvait à la fois en gravir les échelons; des
« deux côtés, elle était bordée d'épées, de poi-
« gnards et de lances, en sorte que, sans une
« grande attention et sans regarder en haut, on
« ne pouvait manquer d'être blessé partout le
« corps. Au bas de l'échelle était un horrible
« dragon toujours prêt à s'élancer sur ceux qui
« montaient. Satur, mon frère, arrivé déjà au
« sommet de l'échelle, me dit : Perpétue, je
« vous attends, mais tenez-vous sur vos gardes,
« défiez-vous du dragon. Je répondis : Il ne me
« fera pas de mal, j'espère en Notre-Seigneur
« tout-puissant. J'approchai en effet, le dragon
« détourna doucement la tête, comme s'il avait
« eu peur de moi, et posant les pieds sur sa tête,
« elle me servit de premier échelon. Arrivée au
« haut de l'échelle, je découvris un immense

« jardin, et vers le milieu, un homme à l'air
« vénérable, sous la forme d'un pasteur, entouré
« d'une multitude, de personnes vêtues de blanc.
« Il me dit avec une ineffable douceur : Ma fille,
« soyez la bienvenue : et il me mit dans la bou-
« che un mets exquis que je reçus, en joignant les
« mains. » Animée par cette consolante vision,
sainte Perpétue supporta généreusement les douleurs de la captivité, et ne se laissa point effrayer
par les horreurs de la mort. Telle se montra
sainte Valérie dont la magnanime constance,
soutenue par la parole puissante de Jésus-Christ,
se montra fort au-dessus des promesses et des
menaces de Julianus Silanus, et lui valut ainsi les
palmes immortelles d'un glorieux martyre.

CHAPITRE ONZIÈME

CHAPITRE XI

L'antique liturgie de Limoges prouve la vérité des faits rapportés dans l'histoire de sainte Valérie.

Serait-il possible de contester la vérité et l'au-thenticité de la tradition lorsqu'elle est confirmée par la liturgie des églises? Non, sans doute, car il n'est pas de preuve plus incontestable que celle-là. Or la liturgie en usage dans le diocèse de Limoges, dès les temps les plus reculés, vient à l'appui de notre récit touchant sainte

Valérie. Et il ne s'agit point ici d'une œuvre liturgique de date moderne ; alors, en effet, que le diocèse de Limoges suivait encore le rit romain dans ses offices, il existait, au propre des saints du diocèse, des hymnes et des leçons en l'honneur de sainte Valérie dont on célébrait la fête sous le rit double de deuxième classe. Cette fête était autrefois chômée dans tout le diocèse ; mais en 1661 on la restreignit à la Cité, à la ville, aux faubourgs de Limoges et aux églises et paroisses du diocèse dont elle était la principale patronne, comme au monastère de Chambon, de Sainte-Valérie à Fellectin, à Malval, aux Récollets de Sainte-Valérie à Limoges et même à Védrenne, bien qu'elle n'en fût patronne que conjointement avec saint Martial.

Pour satisfaire la piété des fidèles et édifier nos lecteurs sur notre véracité et sur l'authenticité de cette histoire, nous allons donner successivement les précieux monuments de la vieille

et de la nouvelle liturgie de Limoges. Les uns et
les autres respirent un suave parfum de candeur
et de sincérité bien propre à réveiller la confiance dans les âmes les plus défiantes.

———————

6

ANCIEN BRÉVIAIRE DE LIMOGES

AUX PREMIÈRES VÊPRES

Hymne.

Huc vos quæ superas incolitis domos,
Agni deliciæ, currite, virgines :
Terris illa dies læta renascitur
    Quam Valeria consecrat.

Vix dùm Virgo sacro fonte renascitur,
Mundi delicias horret amabiles ;
Ardet digna Deo conjuge, quas nequit
    Vel mors solvere nuptias.

Vilis jam species vanaque purpura ;
Longe nunc aliis gaudet honoribus :
Clarum tot titulis dedidicit genus,
    Cœlestis generis memor.

Nequicquam thalamos proposuit procus
Illi Virgo datam jam repetit fidem :
Voto nam penitus non violabili
    Christo se modo consecrat.

ANCIEN BRÉVIAIRE DE LIMOGES

AUX PREMIÈRES VÊPRES

Hymne.

Vous qui habitez les célestes demeures, délices de l'Agneau, Vierges, accourez : pour la terre renaît ce jour d'allégresse que consacre Valérie.

A peine la Vierge a-t-elle pris une seconde naissance dans la sainte fontaine, qu'elle a en horreur les séduisantes délices du monde ; elle brûle pour Dieu dont elle est la digne épouse, et pour ces noces que la mort même ne peut annuler.

Déjà, la beauté lui semble vile et la pourpre frivole ; maintenant ce sont bien d'autres honneurs qui font sa joie. Elle oublie sa naissance, illustre à tant de titres, pour ne se souvenir que de sa céleste origine.

Son fiancé ne lui a jamais proposé l'hymen ; déjà la vierge lui redemande la foi qu'elle lui avait donnée ; car, par un vœu à jamais inviolable, elle se consacre aussitôt au Christ.

Quas non ille preces mollior addidit ?
Quas non increpitans addidit et minas ?
Christo pollicitam, propositi memor,
    Virgo non temerat fidem.

Defraudatus amor fit subitò furor ;
Indignatur amans. Virgo satelliti
Obtruncanda datur. Quam meliùs frui
    Sic sponso dedit altero !

Da te, summe Pater, tollere laudibus ;
Da te, Christe, sequi laurea virginum ;
Per te, divus amor, frigida pectora
    ·Puris ignibus ardeant.
    Amen.

A LAUDES

Hymne

Tirée de l'ancien bréviaire du diocèse de Limoges.

    Adeste, sponsæ virgines,
    Christi gregis pars optima ;
    O vos, furoris victimæ !
    O vos, amoris hostiæ !

    Adeste, solemnis dies
    Hæc consecrata virgini,
    Quæ duplicem gestat suo
    Tinctam cruore lauream.

    Inter choros canentium
    Agno litato, victima

Par quelles prières son fiancé suppliant ne chercha-t-il pas à la fléchir? Quelles menaces ne lui fit-il pas avec l'accent du reproche? La vierge se souvient de son vœu et reste fidèle à la foi promise au Christ.

L'amour déçu se change subitement en fureur; l'amant s'indigne. La vierge est livrée à un satellite pour être décapitée. Peut-il mieux faire pour la donner à son autre fiancé?

Souverain Père, accordez-nous de vous exalter dans nos louanges; Christ, accordez-nous de conquérir les lauriers des vierges. Par vous, divin amour, que les cœurs froids brûlent de pures flammes.

Ainsi soit-il.

A LAUDES

Hymne

Tirée de l'ancien bréviaire du diocèse de Limoges.

Venez, vierges fiancées, la meilleure part du bercail du Christ; ô vous, victimes d'une aveugle fureur! ô vous, hosties d'amour!

Venez, voici le jour solennel consacré à cette vierge couronnée d'un double laurier teint de son sang.

Au milieu des chœurs qui chantent l'Agneau immolé, cette Vierge victime siége avec droit sur un

Hæc jure fusi sanguinis
Virgo sedet non ultima.

Ducis preces, ducis minæ
Et juncta verberis verbera,
Et blandientes nuptiæ
Non dimovent Valeriam.

Puella, nuper quam sibi
Amore Christus junxerat,
Illi fidem servat tenax,
Deo superba conjuge.

Amat rosas et lilia,
Sponsus rubens et candidus :
Martyr dedit sponso rosas,
Deditque virgo lilia.

Sit laus Patri, laus Filio,
Et par tibi laus, Spiritus,
Qui corda pura virginum
Puris aduris ignibus.
        Amen.

℣. Omnia opera ejus in fide.
℟. Diligit misericordiam et judicium.
    Alleluia.

trône des plus élevés, conquis par l'effusion de son sang.

Ni les prières du duc, ni ses menaces, ni les coups succédant aux coups, non plus que l'appas de l'hymen n'émeuvent Valérie.

La jeune fille, que tout récemment le Christ s'était unie par les liens de l'amour, lui garda une foi constante, fière d'être l'épouse de Dieu.

Il aime les roses et les lis, l'époux qui est rose et blanc. Martyre, Valérie offre les roses à son époux; vierge, elle lui donne les lis.

Louange soit au Père, louange au Fils; pareille louange soit à vous aussi, Esprit, qui consumez de pures flammes les cœurs purs des vierges.

Ainsi soit-il.

℣. Toutes ses œuvres ont leur principe dans la foi.
℟. Elle aime la miséricorde et la justice.

Louez Dieu.

AUX PREMIÈRES VÊPRES (1)

Hymne.

Natalibus egregia
Et moribus, Valeria
De genere gentilium ;
De spinis vernat lilium.

Hæc et in ipsis vitibus
Non gentilis gentilibus ;
Jam Christo, Christi nescia,
Vivebat, horrens vitia.

Mente præsaga cœlitùs,
Dono præventa Spiritûs,
Carne mansit virgineâ,
Rosa de stirpe spineâ.

Idola cernens dejici
Ex viri apostolici
Martialis sermonibus,
Lavatur sacris fontibus.

(1) Cédant au pieux mouvement qui ramène tous les diocèses
de France vers la liturgie romaine, monseigneur Buissas, de
pieuse mémoire, rétablit en son diocèse le bréviaire romain, et
en fit approuver le Propre à Rome le 8 août 1858. Ce que nous
allons en rapporter concernant la fête de sainte Valerie nous

AUX PREMIÈRES VÊPRES

Hymne.

Illustre par sa naissance et ses mœurs, Valérie est issue de race païenne; c'est un lis fleurissant au milieu des épines.

Elle suivait les rites païens, et elle n'était pas païenne ; ignorante du Christ, déjà elle vivait dans le Christ, et avait horreur des vices.

Son âme pressentait le ciel; prévenue des dons de l'Esprit de Dieu, cette rose produite par les épines resta vierge en sa chair.

Voyant crouler les idoles sous la puissante parole de l'homme apostolique, Martial, elle est purifiée dans les fonts sacrés.

paraît appartenir au bréviaire en usage à Limoges avant l'introduction de la liturgie gallicane, et les hymmes ainsi que les leçons pouvaient bien compter plusieurs siècles d'existence. Quoi qu'il en soit de l'antiquité de ces précieux documents, ils sont l'expression de la foi la plus vive et de la plus tendre piété.

6.

Stephano duci Galliæ
Sponsata, dotes gratiæ
Sponso terreno prætulit;
Hinc dira mortis pertulit.

Die noctuque, Domino
Supplex pro sponso Stephano,
Ei vitam obtinuit
Per quem cœsa occubuit.

Dux fremit irâ Stephanus,
Intùs ardens ut clibanus;
Dùm se sperni considerat,
Sævire in sanctam properat.

Occurrit imperterrita,
Nec auditur dans monita;
Sed ferit illam impiger
Mox feriendus armiger.

Caput cæsum fert brachiis
Ad sanctum sancta propriis;
Durities marmorea,
Plantis cedens, fit cerea.

O sponse, Jesu, virginum
Firmumque robur martyrum,
Fac nos amore martyres:
Da te sequi post virgines.
    Amen.

Fiancée à Étienne, duc des Gaules, elle préféra les avantages de la grâce à cet époux terrestre ; c'est pour cela qu'elle dut endurer les horreurs de la mort.

Jour et nuit, suppliant le Seigneur pour Étienne, son fiancé, elle obtint la vie pour celui qui lui donna la mort.

Le duc Étienne frémit de colère ; son âme est enflammée comme une fournaise ardente. Il se croit méprisé et se hâte de sévir contre la sainte.

Elle vient à sa rencontre, sans effroi ; elle donne des conseils et n'est pas écoutée. Le bouillant écuyer la frappe, lui qui sera bientôt frappé.

Sur ses propres bras, la sainte porte au saint sa tête tranchée ; la dureté du marbre fléchit comme la cire sous ses pieds.

O Jésus, époux des vierges et force invincible des martyrs, faites que nous soyons martyrs de votre amour : donnez-nous la grâce de marcher après vous à la suite des vierges.

Ainsi soit-il.

A MATINES

Hymne.

Virgineus flos, lilium
Cruore fusus roseo,
Palmam ferens martyrii,
Assistit coram Domino.

Devicto mundi principe,
Ut sidus inter sidera,
In Christi pollet agmine
Felix virgo Valeria.

Cujus nos ipse precibus
Suâ locet in dexterâ,
Cui laus est et gloria
Per infinita sæcula.
    Amen.

A LAUDES

Hymne.

Ave, virgo Deo digna,
Ave, martyr Valeria,
Tu precibus dele pia
Quæ timet conscientia.

Adeste servis, Domina;
Jesum Christum nobis placa,
Et, impetratâ veniâ,
Trahe tuos ad supera.

A MATINES

Hymne.

La fleur virginale, le lis arrosé d'un sang rosé et portant la palme du martyre se dresse devant le Seigneur.

Ayant vaincu le prince du monde, comme un astre au milieu des astres, l'heureuse vierge Valérie brille dans les cohortes du Christ.

Que, par ses prières, nous soyons placés à la droite de celui auquel appartiennent la louange et la gloire dans les siècles sans fin.

Ainsi soit-il.

A LAUDES

Hymne.

Salut, vierge digne de Dieu! salut, ô martyre Valérie! Par vos prières, effacez ce que redoute une bonne conscience.

Souveraine, venez en aide à vos serviteurs : rendez-nous Jésus-Christ propice, et, après avoir obtenu leur pardon, emmenez vos sujets au ciel.

Virginitatis filio
Sit laus et benedictio,
Cum Patre et sancto Flamine,
Qui regnat sine tempore.
    Amen.

LEÇONS

Tirées de l'ancien bréviaire de Limoges.

I. Valeria, Lemovix, a Leocadio, Galliarum senatore, orta, per beatum Martialem apostolum christianæ religionis imbuta documentis, unà cum matre, lubens Christi fidem amplexa est.

Ut Deo ferventiùs famularetur, suadente Martiale, virginitatem vovit, ægrè ferente duce Stephano, cui jamdudùm Valeria desponsata erat. Sed cùm nec blanditiis, nec minis, a confessione fidei et a castitatis proposito dimoveri potuisset, quarto idus decembris, prima in Galliis inter feminas, martyrii palmam, capitis obtruncatione, meruit obtinere.

II. Mortuæ Valeriæ sanctitatem signis Deus mox comprobavit. His permotus dux Stephanus, ad veri Dei cultum conversus, sacro fonte lustratus est. Sacrum Valeriæ corpus, primùm in basilicâ sancti Petri, nunc sancti Martialis, honorificè tumulatum, et mox a terrâ levatum, usque ad bellicos Normanorum terrores, ibi permansit. Tunc maximâ ex parte, in monasterium

Au Fils de la virginité louange et bénédiction, ainsi qu'au Père et au Saint-Esprit dont le règne est sans fin.

Ainsi soit-il.

LEÇONS

Tirées de l'ancien bréviaire de Limoges.

I. Valérie, de Limoges, fille de Léocadius, sénateur des Gaules, ayant reçu du bienheureux Martial, apôtre, les premiers enseignements de la religion chrétienne, de son propre mouvement embrassa la foi du Christ avec sa mère.

A la persuasion de Martial, afin de servir Dieu avec plus de ferveur, elle lui voua sa virginité, ce qui irrita violemment le duc Étienne dont elle était depuis long-temps la fiancée. Ne pouvant ébranler sa constance dans la foi et son amour pour la virginité ni par les promesses ni par les menaces, le quatre des ides de septembre, la première de son sexe, dans les Gaules, elle eut la tête tranchée et mérita d'obtenir la palme du martyre.

II. Aussitôt après la mort de Valérie, Dieu prouva sa sainteté par des miracles. Ébranlé par ces prodiges, le duc Étienne se convertit au culte du vrai Dieu, et reçut le baptême. Le saint corps de Valérie, enseveli hono-rablement d'abord dans la basilique de Saint-Pierre, maintenant de Saint-Martial, fut levé de terre et de-

Cambonense delatum est, nonnullis in ecclesiâ Lemo-
vicensi, et in eâdem basilicâ sancti Martialis, remanen-
tibus reliquiis, ubi religiosissimè asservantur.

III. Parisiis, in ecclesiâ sancti Martialis, quam sanc-
tus Eligius jam a sæculo septimo instauraverat, pari
populorum studio et veneratione, Valeriæ memoria et
sancti Apostoli, ejus in Christo patris, venerata est. Ex-
tat etiam Lemovicis, in suburbio, ecclesia saltem a fine
duodecimi sæculi constructa, sub ejus invocatione,
quam Deo dicavit Joannes de Veyraco, Lemovicensis
antistes, pridie idus Maii, anno millesimo et duode-
cimo supra ducentesimum.

meura en ce lieu jusqu'au moment des redoutables invasions des Normands. Alors la plus grande partie du corps de cette sainte fut transportée dans le monastère de Chambon, pendant que quelques-unes de ses reliques demeuraient dans l'église de Limoges et dans la même basilique de Saint-Martial, où on les conserve très-religieusement.

III. A Paris, dans l'église de Saint-Martial, restaurée par saint Éloi dès le viie siècle, le peuple entoura de la même confiance et de la même vénération la mémoire de Valérie et du saint apôtre, son père dans le Christ. Il existe encore à Limoges, dans le faubourg, une église construite au moins vers la fin du xiie siècle, sous son invocation ; elle fut consacrée par Jean de Veyrac, évêque de Limoges, la veille des ides de mai de l'année 1212.

Le saint pape Célestin écrivant aux évêques des Gaules leur disait : « Faisons attention au « sens des prières liturgiques qui, reçues par « tradition dans tout le monde, sont d'un usage « uniforme dans toute l'Église catholique ; et par « la manière dont nous devons prier, apprenons « ce que nous devons croire. » Il ne s'agit pas ici, sans doute, d'une tradition intéressant l'Église universelle ; mais la liturgie propre des églises particulières, lorsqu'elle est revêtue de l'approbation du Vicaire de Jésus-Christ, serait-elle moins authentique et moins digne de nos respects et de notre croyance ? Nous ne le pensons pas ; car la liturgie n'est autre chose que la voix du troupeau jointe à celle du pasteur ; c'est tout un peuple qui, par la forme de son culte et par les expressions de sa piété, rend témoignage de sa croyance. Aussi le degré d'autorité des *Liturgies* est-il très-différent de celle de tout autre écrit : quelque soit le nom qu'elles

portent, c'est moins l'ouvrage de tel auteur que le
monument de la croyance et de la pratique d'une
église entière ; car il a la sanction publique d'une
société nombreuse de pasteurs et de fidèles qui
l'ont constamment entre les mains et sous leurs
yeux.

Pendant que toutes choses ici-bas s'écoulent
et se transforment à travers les siècles, Dieu se
plaît à perpétuer, au sein de l'humanité, la
mémoire de ses plus glorieux serviteurs pour
qu'ils servent de modèles et de guides à toutes
les générations. Rendons-lui grâces de nous avoir
conservé intact le souvenir des combats et des
triomphes de sainte Valérie, modèle accompli
d'innocence et de force dans la foi.

Vierge bénie, dont je viens d'écrire les vertus
et les exploits, sainte Valérie, veillez avec sollicitude sur notre Église de France si féconde en
savoir et en vertus. Depuis tantôt un siècle, cette
belle portion de l'héritage de Jésus-Christ est

aux prises avec les plus monstrueuses erreurs
renouvelées des âges passés. La foi de ses enfants hésite et chancelle, leurs mœurs se cor-
rompent et se gâtent. Vaillante épouse de Jésus-
Christ, par vos ardentes supplications, enrayez
la marche dévastatrice des doctrines impies et
subversives des temps modernes, comme vous
avez autrefois suspendu le cours impétueux des
torrents qui portaient la désolation et la ruine
dans les campagnes. Votre sang répandu, il y a
de longs siècles, pour la foi et l'amour de Jésus
est monté vers le ciel, et en a fait descendre les
grâces les plus abondantes et les plus efficaces
pour le salut de cette vieille cité où se consomma
votre sacrifice. De nouveau, offrez ce sang et
les palmes de votre glorieux martyre au céleste
époux des âmes, afin d'obtenir de son infinie
bonté la résurrection de la foi et des bonnes
mœurs au sein de notre bien-aimée patrie. Et
si l'ère des persécutions venait à se rouvrir pour

nous, faites que le Seigneur Dieu des armées mette en nos âmes le courage et l'inébranlable fermeté dont vous nous avez donné l'exemple, pour la confusion de l'erreur et le triomphe de la vérité. Amen.

APPENDICE

Notre travail venait d'être achevé, et déjà il était soumis à l'examen de nos théologiens, lorsque par le plus heureux hasard nous avons trouvé dans les *Annales archéologiques de la France*, dont nous avons déjà parlé, un précieux document qui nous semble du plus haut intérêt, et pour l'histoire de sainte Valérie et pour les lecteurs. Cette pièce si intéressante a été communiquée à M. Ch. Barthélemy par M. l'abbé Leclère, auteur de la traduction de ces vers composés primitivement en patois limousin. Le manuscrit original porte la date de 1641,

M. l'abbé Texier, l'a édité dans le deuxième
volume du *Bulletin de la société archéologique
et historique du Limousin ;* mais il est à présumer que la composition du poëme, quant à
la substance du moins, remonte à une époque
beaucoup plus reculée. En étudiant avec attention
cette poésie patoise, nous avons cru retrouver
les traces de certaines interpolations plus ré-
centes, car il n'y a pas toujours unité dans
l'expression de la langue romane ; puis il est une
multitude de redites qui s'éloignent notablement
de la sobriété et de la candeur des légendes
populaires du moyen âge. Dans sa traduction,
M. l'abbé Leclère s'est étudié à conserver la
rime sans garder le rithme du vers ; nous, au
contraire, tout en nous aidant du travail de
M. Leclère, nous avons tâché d'éviter l'un et
l'autre, sans y réussir toujours. La raison de cette
manière de faire, c'est qu'il nous a semblé que
la rime sans le rithme mesuré des vers fatiguait

l'oreille, et rendait plus pénible la lecture de cette traduction. Pensant aussi que la prose cadencée ne conviendrait pas davantage, nous avons fait tous nos efforts pour relier les unes aux autres toutes les strophes de cette longue légende, sans en altérer le sens et même sans nous écarter beaucoup du mot à mot. Il eût mieux valu, peut-être, la traduire en vers, elle eût présenté plus d'agrément à la plupart des lecteurs; mais c'était un travail difficile et demandant beaucoup plus de temps que nous n'en avons à notre disposition, puis nous nous sommes souvenu du *nascuntur poetæ* d'Horace, et nous n'avons pas voulu nous exposer à entreprendre un travail au-dessus de nos forces.

Nous nous abstiendrons de citer le texte patois, il serait inintelligible pour la plupart de nos lecteurs, bien qu'il ne soit en réalité, en certaines parties du moins, qu'un mélange assez informe de la langue romane et de vieux mots

français. L'intérêt de ce monument est tout entier dans la pensée et dans le laisser-aller du
Troubadour (1). C'est l'histoire de sainte Valérie
mise à la portée des pâtres errants dans les vastes
parcours du Limousin, c'est-à-dire popularisée
par le rhythme cadencé de la poésie et du chant,
comme le furent, au moyen âge, toutes les légendes de nos saints les plus connus et de nos
plus illustres guerriers. Elle respire la foi la plus
vive et le plus ardent patriotisme. On pourrait
peut-être exiger plus d'exactitude et de fidélité
dans le récit, mais les Troubadours n'y regar-
daient pas de si près; et que leur importait à eux
que Léocadius eût été tué en Germanie ou dans
le Poitou? A part ces légères incartades du poëte,

---

(1) Les Troubadours des onzième, douzième et trei-
zième siècles ne se sont pas contentés, comme on le
pense communément, de chanter la chevalerie et l'a-
mour, ils ont aussi composé des poëmes didactiques
et sacrés; mais en général leurs poésies sont très-
courtes

tout est admirable dans cette œuvre pleine de naïveté et de candeur. La piété y trouve son aliment, et l'imagination s'y complaît; car à la sincérité de l'histoire, quant au fond, vient aussi s'ajouter la pieuse invention du romancier chrétien. C'est d'ailleurs le caractère distinctif de toutes les compositions de ce genre, destinées à perpétuer dans les masses les traditions populaires sur les premiers âges du christianisme. Il en existe de semblables dans presque toutes les provinces; mais les guerres de religion, les luttes fratricides et sanglantes des partis, les efforts de l'hérésie et la mortelle torpeur de l'indifférence, ont insensiblement porté atteinte à la foi des peuples, et par suite les pieux souvenirs des âges passés se sont éteints dans la mémoire des nouvelles générations, et aux nobles instincts de la piété, aux généreux élans d'une religion toute d'amour ont succédé les froids calculs du positivisme le plus grossier et le plus abject. La découverte de ces

précieux monuments est donc une bonne fortune dont il faut profiter pour les arracher
à l'oubli et les faire revivre dans l'esprit des
hommes.

LA VIE

DE MADAME SAINTE VALÉRIE

Quand Dieu le père par sa bonté,
  Pour briser la servitude
Où notre pays misérablement
  Gémissait dans les tourments,

Par suite du péché du premier père
  Et d'Ève la première mère,
  Qui, contre la défense de Dieu,
Mangèrent du fruit, cause de l'offense;

  Mais, pour effacer ce péché,
  Il voulut envoyer, en terre,
Son fils prendre notre nature
  En une vierge toute pure.

  Vierge neuf mois elle l'a porté
  Sans perdre sa virginité.
  Vierge que Dieu avait choisie,
Et que de tout temps il avait bénie.

Lorsque la mère enfanta,
Et qu'heureusement le fils naquit,
Le monde entier était en paix
Sous le sceptre de Rome.

Partout la superbe Cité
Étendait son empire;
César Auguste, empereur, commandait,
Et son pouvoir s'étendait à tout l'univers.

Pour régir la province,
Il mettait celui qu'il voulait,
Et tout le peuple lui payait
Le tribut qu'il lui demandait.

Il choisit un sien neveu,
Beau, brave et vaillant jusqu'au bout,
Nommé Léocady, champion valeureux
Accompagné d'illustres barons,

Afin qu'en Guyenne promptement
Il s'en vînt, et sans retardement,
Pour la régir, la gouverner
Et soumettre le peuple à sa loi.

Or donc Léocady vint en Guyenne,
Il la gouverna et la maintint
Selon la loi des romains.
Suzanne était sa compagne :

Dame de haute intelligence
Et de noble gouvernement,
De royal lignage venue
Et des empereurs descendue.

Lors Limoges était la capitale
Et la première du duché,
Il y demeura, et avec sa cour
S'y établit en gouverneur.

Comme le lieu lui plaisait,
Il y colloqua son parlement ;
Y fit faire un beau château
Pour y mettre tous ses trésors.

Il n'avait point d'héritier,
C'était pour lui sujet de grande tristesse ;
Mais bientôt il eut une fille
Qui fut belle et fort gentille.

Elle fut appelée Valérie,
A cause de la renommée
De l'empereur Valérien,
Oncle de Suzanne sa mère.

Les romains le firent préteur
Et le nommèrent grand-duc Léocady,
Car, pour seigneur et pour duc,
En Guyenne, tout le monde le tenait.

Il devait bien s'appeler duc
Puisqu'il avait si grande seigneurie,
Que sa domination s'étendait
De la mer de Bretagne jusqu'à Bayonne,

Toulouse et le Languedoc,
Les monts Pyrénéens avec leurs pics :
Tel était le vaste État
Que Léocady tint longtemps en paix.

Un jour les Bretons se soulevèrent,
Firent alliance avec les barbares
Pour détruire, piller la Guyenne
Et la soustraire à son autorité.

Quand Léocady apprit cela,
Il fut loin de s'en réjouir;
Mais il fit venir tous ses barons
Pour résister à la fureur des ennemis.

Léocady plein de valeur,
Suivi d'un noble équipage
De barons et de braves soldats,
A bien s'armer fut diligent.

En toute hâte ils courent
Sur l'ennemi; chacun le frappe
Et tellement le combat,
Qu'il remporte la victoire.

Dans la bataille il fut blessé
Et gravement atteint :
Les barons le voyant ainsi traité,
Avec soin et grand honneur,

Le portèrent en la ville
De Poitiers, cité belle et gentille :
Y étant retiré, il ordonna
Que tous y vinssent, et commanda

Que les blessés fussent soignés;
Mais tous étaient très-fâchés
Que, pour montrer sa vaillance,
Il eût reçu une telle blessure.

Le comte de Toulouse y vint,
Celui de Poitiers le soigna ;
Clermont, Périgord y vinrent,
Et aussi de Bordeâux le comte Astor.

Le comte de la Marche y alla,
Ainsi que tous les barons de la Guyenne.
Lorsque le duc Léocady les vit,
Grandement il s'en réjouit.

« Seigneurs barons, leur dit-il,
« Illustres amis, mes compagnons,
« Si je suis gravement blessé,
« N'en prenez aucun chagrin.

« Puisque nous avons été les plus forts,
« Certes ne regrettez pas ma mort ;
« Mais vous, humblement je vous prie,
« Sous la foi et le serment

« Que vous m'avez fait, de tenir
« La fille que je laisse en vos mains
« Pour votre dame et duchesse
« Et pour votre maîtresse toujours.

« Vous la marierez noblement
« Ainsi que vous trouverez ;
« Elle a droit à un illustre époux
« Puisqu'elle est nièce de l'empereur.

« Vous lui gouvernerez ses terres
« Du mieux que vous saurez. »
Les barons comme à leur seigneur,
Tous éplorés et en larmes,

Lui promirent de garder
Son vouloir, et de défendre
De son bien la meilleure part.
Et aussitôt le duc se meurt.

Après que, selon sa dignité,
Fut enseveli leur seigneur,
Tous les barons s'assemblèrent,
Et entre eux ils tinrent conseil.

Que feraient-ils de leur dame
Et avec qui la marieraient-ils ?
Or il fut par tous résolu
Que César en serait informé.

Alors partirent de Poitiers
Les nobles et vaillants chevaliers,
A la duchesse ils se présentèrent
Pour la dûment consoler.

Lorsque la duchesse les eût vus,
Et que d'eux elle apprit la mort de son père,
Elle s'exhala en soupirs,
Et se prit à se désoler.

Témoins de sa tristesse,
Les barons, oyant ses pleurs et ses cris,
Aussitôt lui firent révérence,
Chacun selon son état ;

Et pour ce qu'ils tenaient
Chacun comté ou baronnie,
Lui promirent fort et ferme
De la servir jusqu'à la mort.

Valérie, triste et affligée,
Contenta si bien ses sujets,
Qu'ils lui laissèrent tout pouvoir,
Comme son père en usait.

Cités, villes et châteaux forts,
Palais, domaines et maisons de plaisir,
Elle sut tout gouverner
Pendant qu'elle fut en autorité.

La coutume avait tant fait
Pour maintenir la paix en son peuple,
Que chacun à son magistrat
Rendait compte de tout le mal

Qui s'était fait pendant l'année.
Avec telle loi et tel contrat,
On peut doucement corriger
Sans punir d'aucun tourment.

A tous ses gens elle faisait
Des dons et de riches présents,
Et leur disait: « Veuillez, je vous prie,
« Faire prompte et bonne justice.

« Tant que le seigneur, vieux ou jeune,
« A l'œil ouvert sur ses sujets,
« Les traitant avec douceur et justice,
« Tout lui devient prospère.

« N'est pas seigneur en son pays
« Qui de ses sujets est détesté:
« Traitez-les avec bienveillance,
« Et jamais ne les offensez.

« Que, par preuve ou par menace,
  « En tout temps soit rendue
« La justice, sœur de la paix,
« Et sauvegarde de la cité ;

  « En honnêtes gens vivez tous,
« Et à bien faire soyez diligents. »
Ainsi, toujours elle les instruisait,
Et sagement les formait au bien.

Lorsque l'empereur Claude César
Eut appris la mort de Léocady,
  Il s'attrista, et, aussitôt
Près de lui, il manda son conseil ;

  Car, pour gouverner la Guyenne,
Il voulait diligemment choisir
  Un prince des plus vaillants,
Pour commander cette nation ;

Lequel épouserait Valérie,
  Belle, noble et jeune princesse,
    Selon le vœu de la loi
    Et les usages de Rome.

  Le prince, qui fut choisi,
    Avait nom Silanus,
Proche parent de l'empereur,
Et de sa noblesse la gloire ;

Beau chevalier, fort et vaillant
Pour contenir cette nation ;
  Plein d'adresse et de science
  Pour gouverner la province.

Silanus vint en Guyenne,
Et s'arrêta à Limoges,
Où les barons, avec de grands honneurs,
Le reçurent comme seigneur et duc.

Il leur intima la volonté
De l'empereur, et, dans l'éclat
De sa magnificence,
Il leur dit ses vœux et ses désirs.

Les barons à leur dame le fiancèrent,
Et firent de grandes réjouissances
Pour célébrer cette fête,
Et la joie partout se répandit.

Hélas! bien souvent la joie
Est troublée par des faits imprévus.
Ainsi advint grande nouvelle,
Pour troubler le duc et sa suite ;

Les noces furent retardées
A cause d'une invasion
De barbares, armés
Pour ruiner la province.

Le duc alors s'apprêta,
Avec ses barons, sur le lieu
Où étaient les soldats en armes,
D'une noble ardeur enflammés.

Il accourt en homme courageux,
Et, combattant cette nation,
Il lui fit éprouver de si fortes pertes,
Qu'il la chassa toute du duché.

Lorsque le duc de ses terres
Eut chassé les barbares,
Il conserva l'intégrité de sa province,
Ce qui lui fit grand honneur.

En ce même temps, Dieu envoya
Saint Martial prêcher en ce pays;
Il avait, du Pape saint Pierre,
Reçu la charge de commander

A deux disciples qui étaient avec lui,
Afin d'y planter la foi,
Et pour détruire l'idolâtrie
Et la barbarie de la nation.

Ils adoraient les faux dieux,
Et offraient leurs sacrifices
A Vénus ainsi qu'à Diane,
Deux ou trois fois la semaine.

Les démons les tenaient captifs,
Et, de leurs péchés enlacés,
Du vrai Dieu ils n'avaient souci;
Mais ils croyaient au diable.

Saint Martial, pour leur salut,
Prêche hardiment Jésus-Christ,
Et de la sainte Trinité
Leur démontra la vérité.

Le peuple l'ayant écouté
Prêchant Jésus, il lui demanda
Si Jésus était le Messie
Tant promis par la prophétie.

Saint Martial dit : « Bien vrai,
« Il est le Fils de Dieu le Père,
  « Dieu et homme en même temps ;
« Vous le devez croire fermement.

  « Les faux dieux, en qui vous croyez,
    « Ne sauraient vous parler ;
  « Mais le vrai Dieu au ciel habite,
  « Et de lui nous tenons la vie. »

Dès lors Valérie, avec résolution,
  A Jésus-Christ rendit hommage,
Le priant d'agréer bénignement
Le sacrifice de sa volonté.

Elle lui voua sa virginité,
  Le priant qu'en échange,
Lui seul, à son heure dernière,
Lui serve de toute consolation.

Quand son oraison fut achevée,
  Dans sa chambre elle entra,
Et parla à ses barons du Dieu
  Que les Juifs ont crucifié.

Dieu l'inspirant de leur prêcher,
  Elle leur parla du salut,
Du mépris à faire de Diane,
Et de la foi en un seul Dieu.

Peu après, Suzanne, sa mère,
  Sans beaucoup tarder, mourut,
  Et son départ de ce monde
    Fut heureux et béni.

Saint Martial l'inhuma
En un lieu richement orné ;
Sur la terre, elle fut pleurée,
Mais, au ciel, elle est couronnée.

Valérie répandit bien des larmes ;
Accablée de tristesse et de regret,
Et, pour sa mère tendrement aimée,
Elle priait Jésus jour et nuit.

Elle ne quitte plus saint Martial,
L'accompagne en tous lieux,
Écoutant tous ses discours
Avec ferveur et dévotion.

Nuit et jour faisant oraison,
Elle ne voulait d'autres soins ;
Attendant tout de Dieu,
A sa volonté elle s'abandonnait.

« Dieu, mon époux, disait-elle,
« Vous plaise que je sois à vous ;
« Seigneur, toujours présent à ma mémoire,
« Prenez-moi pour votre servante.

« Faites-vous connaître, s'il vous plaît,
« Avec vos saintes perfections,
« Au duc, afin que, vous louant,
« Il soit sauvé de la damnation.

« Oui, Seigneur, de la perte éternelle
« Préservez-le, lui et sa suite,
« S'il veut être baptisé,
« Car il le peut aisément. »

Saint Martial lui dit aussi,
En lui donnant ferme assurance,
Que pour le duc il priait,
Afin qu'il se mît sous la bannière

Des disciples de Jésus-Christ,
Pour qu'un jour, dans le livre de vie,
Son nom fût écrit au ciel
Où il entrera, s'il le mérite.

Elle distribuait son or et son argent,
Faisant aumône aux pauvres,
Et donnait avec abondance
Pour construire églises et moutiers (1).

Ayant entendu raconter,
Par saint Martial, l'exemple
D'un jeune homme demandant
A Jésus qui prêchait :

Lesquels auraient le règne de Dieu,
Et posséderaient le paradis ;
Celui-ci répondit nettement :
« Ceux qui suivront ma loi.

« Le ciel n'en recevra aucun,
« Qui ne fasse ce qu'ordonne
« Dieu, mon père ; sa volonté
« Est la mienne, ainsi je le veux.

(1) Moutiers, Monastères.

« Si donc vous voulez l'obtenir,
« Vendez tout pour le mériter ;
« Donnez-le, et faites aumônes
« Au pauvre et au souffreteux. »

Aussitôt, Valérie se mit à l'œuvre,
Et tous les jours, sans cesser,
Elle répandait de larges aumônes
Dans le sein de l'indigence.

Exerçant son corps aux veilles,
Elle priait pour son fiancé,
Et n'avait d'autre désir,
Que de le gagner à la foi.

Son cœur étant sans cesse consumé
De l'amour de Jésus, elle s'en allait
Chercher partout l'idolâtrie,
Sillonnant dans tous les sens

La ville et le château,
Disant qu'il n'était pas séant
Que ses sujets, en sa présence,
Offrissent l'encens aux idoles.

Aussi faisait-elle abattre et briser
Celles qu'elle pouvait trouver ;
Puis elle les brûlait au feu,
Tant elle les haïssait.

Convertissant les prêtres des faux dieux,
Elle leur faisait quitter leur culte,
Et les conviait à rendre gloire
A Jésus-Christ, Notre-Seigneur.

Ainsi, pendant que le duc était en guerre,
Elle purgea ses terres des faux dieux;
Après qu'il eut vaincu les barbares,
Il s'en revint triomphant.

Il détruisit leur armée,
Mit en déroute leurs plus vaillants soldats,
Sans qu'il restât d'autres traces du camp,
Que les cadavres dont il était jonché.

Il rapportait de riches dépouilles,
Suivi de haute et nombreuse noblesse;
Tous s'étaient couverts de gloire,
Et ils étaient chargés d'or et d'argent.

Pour épouser Valérie,
Il portait ce trésor;
Mais bientôt on lui apprit
Qu'elle ne voulait être son épouse.

Qu'à un autre époux elle s'était donnée,
En lui vouant son corps et son âme;
Et, qu'ayant laissé les faux dieux,
Elle brûlait leurs statues.

Qu'allant dans les temples
De ces fausses divinités,
Elle les faisait démolir
Et raser entièrement :

Que, sur leurs ruines,
Elle construisait des églises,
Où le vrai Dieu était adoré
Et dévotement servi;

Qu'elle donnait ses trésors
Aux pauvres de Jésus-Christ,
Ne se réservant que la pauvreté,
L'amour de Dieu et l'innocence ;

Qu'un disciple de Jésus-Christ
Avait prêché qu'il était écrit,
Que qui voudrait gagner le ciel
Devait quitter toutes ses richesses ;

Que ce sage, venu de Rome,
Était religieusement écouté :
Tout le peuple croyant en lui,
D'après les miracles qu'il faisait.

Le duc, de rage transporté,
Fut grandement surpris,
Entendant cette nouvelle,
Qui ne lui fut pas agréable.

« Valérie, tu t'es oubliée,
« En reniant notre foi donnée.
« Quoi ! oses-tu me laisser
« Pour épouser un autre mari ?

« Hélas ! y pense-t-elle ?
« Où donc est la récompense
« Promise à ses barons,
« Et à moi, son cher fiancé ?

« Il faut que tout cela cesse,
« Et, quoi qu'il en soit, qu'elle meure ;
« A souffrir de grands maux
« Que son Martial s'apprête.

« La tête lui sera tranchée,
« Si à quelqu'autre elle s'est unie ;
« Et à ce Martial, venu de loin,
« Je réserve d'affreux châtiments.

« Puisque, par ses discours,
« Il ravit à nos dieux
« Le culte qu'on leur rendait,
« Il faut que par la mort il soit puni. »

Quand Valérie eut appris
La grande tristesse du duc,
A cause des mauvais propos
Qu'on lui avait contés de Martial,

Et du culte païen par son peuple
Abandonné, et du vœu
Qui l'unissait au Dieu vivant,
Pour mériter l'éternelle vie ;

Elle pria avec ferveur
Dieu, son Seigneur tout-puissant :
« Vous qui du limon avez formé
« Notre nature, exaucez ma prière,

« Et donnez-moi force et courage
« Contre la colère du duc. »
Quand sa prière fut achevée,
Elle se trouva fort rassurée.

Elle va donc hardiment en la maison,
Et, sur son siége, noblement
Se place ; puis à ses demoiselles
Elle dit choses douces et belles.

Le duc vient tout en colère,
Voit la duchesse en son palais ;
Il monte droit à sa chambre,
Assisté de tous ses barons ;

Il admire son beau visage,
Sa blancheur, son regard souriant ;
Il est ébloui de sa beauté,
De sa politesse et de sa douceur.

Le duc, la voyant si parfaite
Et de race impériale,
Tout épris de ses charmes,
Il est furieux d'être abandonné.

Pour le recevoir, Valérie
Se lève, et de sa place regarde
Le duc et les gens de sa cour,
Et lui dit : « Sois le bienvenu,

« Seigneur duc ; Dieu te donne courage,
« Par sa puissance il a abattu
    « L'orgueil de Lucifer,
« Et l'a précipité dans l'abîme.

« C'est lui qui t'a fait et créé,
« Puisse-t-il aussi te transformer !
« Crois en lui, il te convertira,
« Et sers ton Dieu pour toujours.

« Crois en la sainte Trinité,
    « En Jésus, Dieu et Homme ;
« Il a souffert la mort de la croix
    « Pour sauver les grands pécheurs. »

Le duc, oyant ce langage,
Se retira peu réjoui ;
Mais il demeura convaincu
De tout ce qu'on lui avait raconté.

Derechef, le duc vint la voir,
Et ne lui fit aucun salut ;
Mais, lui parlant ouvertement,
Il voulut savoir son secret.

« Valérie, dit-il, ne me cache rien :
« Est-il vrai qu'un autre soit aimé
« Plus que je ne le suis moi-même ?
« Sois sincère, parle franchement ;

« Car si tu as donné à un autre
« L'amour que tu me devais,
« Comme tu as renversé mes dieux,
« Ainsi j'entends te briser.

« Redoute ma vengeance ;
« Je le jure, je veux te châtier :
« A mourir je te condamnerai
« Dans les tortures et les supplices. »

Le duc parlait avec colère ;
Valérie lui répondit avec calme,
Sans se départir de sa douceur,
Les yeux baissés avec assurance :

« Seigneur, dit-elle, donner à tout autre
« Mes serments et ma foi serait un mal,
« Car je te ferais grande injure,
« Aussi bien qu'à ma baronnie.

« De droit, tu pourrais sans ménagement
« Exercer contre moi ton pouvoir,
« Et me faire souffrir d'affreux tourments,
· « Car je serais fort coupable.

« Le Dieu vivant est mon époux ;
« Il habite dans les cieux,
« La terre est l'œuvre de ses mains,
« Il a tout fait avec ce qui n'était pas.

« Son Fils du ciel en terre est descendu
« Pour obéir au Père céleste,
« Et, dans le sein de la Vierge Marie,
« Il a pris notre humaine nature.

« Marie, sa fille et sa mère,
« L'enfanta sans aucune douleur ;
« Elle ne cessa d'être Vierge,
« Bien qu'elle fût la mère de Dieu.

« De grands miracles advinrent
« A sa naissance sur la terre en paix ;
« Les anges l'annoncèrent aux bergers,
« Et gloire lui fut rendue aux cieux ;

« Il est mort entre deux voleurs,
« Attaché sur la croix ;
« Trois jours après il est ressuscité,
« Puis au ciel il s'en est allé ;

« Au jour terrible du jugement,
« Il prononcera son arrêt :
« Les bons iront en paradis,
« Et l'enfer sera pour les méchants.

« Celui-ci, bien sûr, est le vrai Dieu,
   « Croyez-y fermement;
« A lui seul, être divin et éternel,
   « J'ai voué ma virginité.

« Si vous y croyez, je vous aimerai,
   « Et vous serez mon seigneur et mon maître;
« Je lui garderai ma virginité,
   « Et vous vivrez en chasteté. »

A quoi le duc indigné répond :
   « Valérie, tous tes discours
   « Seront sur moi sans pouvoir,
   « Et toujours je garderai ma foi.

« Ton langage, plein de hardiesse,
« Ne me plaît pas; reviens à nos dieux,
« Offre-leur l'encens, prends part à nos fêtes,
   « Sinon, par mes ordres, tu mourras. »

La Vierge alors lui répondit :
   « Grand duc, quand tout devrait se fondre,
« Alors qu'à l'instant je devrais mourir,
« Pour les démons, je ne veux abandonner

   « Le créateur de cet univers
   « Que j'aime d'un cœur pur;
   « Je suis sa fille, il est mon père :
   « Avec amour je veux le servir.

   « Les idoles que tu pries
   « Ne peuvent se remuer,
   « Changer de lieu ni de place,
   « Si le démon lui-même ne le fait;

« Elles sont d'or ou d'argent,
« Ou bien d'autre vile matière ;
« Elles ont les pieds, les mains, les yeux, l'ouïe,
« La bouche, et jamais ne font de merveilles.

« Elles ne voient ni ne parlent,
« N'entendent ni ne marchent ;
« Elles sont faites de fonte ou de marbre ;
« Les adorer n'est-ce pas une honte ?

« Vois donc, cher duc, quelle puissance
« Ces faux dieux peuvent avoir :
« Déteste-les ; car, du mensonge
« Le démon est le père ; renonce à lui ;

« Mais considère les étoiles,
« Comme elles sont brillantes et belles !
« Le soleil est si beau, et la lune
« Dont la pâle clarté brille en la nuit sombre :

« Qui donc les a formés et si bien posés,
« Que jamais ils n'aient besoin d'être réparés ?
« Considère le souffle du vent,
« Toujours courant, il traverse les airs.

« Dieu est partout, au ciel, sur la terre ;
« Tout ce qui vit, tout ce qui marche
« Est son œuvre, il a tout fait,
« Et il a divisé les éléments.

« Il est mon Créateur, mon époux,
« Mon Rédempteur et mon Dieu ;
« Il est né de la Vierge Marie,
« Sans lui causer ni douleur ni peine.

« Reconnais-le pour ton Seigneur ;
  « Demande-lui son amour,
   « Il exaucera ta prière,
  « Et t'enrichira de sa grâce. »

  « Valérie, change donc de langage,
   « Ou je te ferai mourir ;
  « Ma sentence sera sans appel,
  « Renonce à tes folles espérances.

   « De grâce, adore mes dieux ;
  « Autrement, je le jure, tu mourras.
« Quel est ce Martial qui t'a endoctrinée ?
« Au châtiment il ne saurait échapper. »

  Plein de colère, il s'en va,
   Ses barons l'accompagnent ;
  Et, dans son aveugle fureur,
Toujours il menaçait Valérie.

A cette Vierge et à saint Martial
  De grands maux semblent réservés ;
Et ce dernier, pour l'avoir convertie,
Aura peut-être la tête tranchée.

  La volonté de l'empereur
   Devra fixer son sort ;
   Car le duc soupçonne
Qu'il est au pays comme inspecteur.

Pour cela, il n'ose le tourmenter
  Ni lui faire d'autres menaces.
Martial cependant prêchait toujours,
  Et instruisait le peuple en la foi.

Celui qui a fait tout ce qui est
Sous sa sauvegarde l'avait pris;
Aussi fut-il toujours vrai de dire :
Ce que Dieu garde est bien gardé.

Alors tous les barons s'assemblèrent,
Se consultant les uns les autres,
Se demandant ce qui pourrait advenir,
Si la duchesse s'obstinait.

Entre eux il fut convenu,
Tant pour eux l'affaire était grave,
Qu'ils iraient parler à leur seigneur,
Et le reprendraient de sa colère.

Pour ramener la paix et l'accord
Entre ces deux esprits divisés,
Ils s'en vont au palais deux à deux,
Demandant à voir la duchesse.

De Toulouse et de Clermont,
De Rhodez et de Périgord,
De Poitiers et de Bordeaux,
Y allèrent fort volontiers.

Les comtes et les barons,
Et beaucoup d'autres grands seigneurs,
Y vinrent aussi pour voir la duchesse
Et admirer ses vertus et ses grâces.

Ils voulaient savoir ses desseins,
Et lui représenter les malheurs
De son duché, si elle n'épousait
Le duc qu'à tort elle offensait.

Ils demandent donc Valérie,
Comme ayant à lui parler.
Ce qu'ayant entendu la duchesse,
Sitôt elle s'adressa à Jésus-Christ.

Elle le pria humblement
De l'assister en sa peine,
Pour qu'elle ne soit troublée
En si grande assemblée.

Sa prière étant finie,
Du ciel elle entend une voix,
Qui tout bénignement lui dit :
« Sois sans trouble et sans crainte,

« Va-t'en trouver tes barons,
« Dis-leur que tu as un autre fiancé.
« En ce moment, Martial prie pour toi;
« Pour lui, tu n'as rien à craindre. »

La Vierge, ayant entendu ces choses,
Rendit à Dieu ses actions de grâces;
Enhardie et pleine de courage,
Elle alla au milieu de l'assemblée.

Ce fut le comte de Poitiers,
Qui le premier lui parla :
« Dame, nous venons près de vous,
« Le cœur navré et l'âme pleine de soucis,

« Pour vous représenter les malheurs
« Dont, par votre faute, est menacé
« Ce vaste duché. Sa ruine
« Est imminente, elle sera votre œuvre.

« Vous refusez d'épouser le duc,
    « Vous repoussez sa prière ;
   « Et la volonté de l'empereur
« Était qu'il fût votre seigneur, votre époux.

« C'était aussi le vœu de votre père,
   « Lorsqu'il fit demander à César
      « Qu'il fût envoyé gouverneur
   « Dans son beau duché de Guyenne.

   « Silanus, homme éminent,
   « Valeureux et de noble race,
   « Fut donc élu pour gouverner
      « Et commander le duché.

« Dans l'intérêt de notre pays,
    . « Vous devez l'épouser.
« Il est votre fiancé ; daignez-nous dire
« Pour quel motif il ne peut être votre époux.

   « Songez, madame, qu'il a vaincu
      « Les barbares ennemis,
   « Qui portaient en notre pays la guerre.
      « Nul plus que lui n'est aimable.

« De l'épouser, illustre duchesse,
    « Vous avez pris l'engagement.
« Aussi, aujourd'hui nous venons vous dire
   « Que vous ne pouvez vous en dédire.

   « Vous avez fait une autre faute
      « Contre l'auguste majesté
   « De nos dieux, les mettant à terre
      « Et les brisant avec mépris.

« Pensez-vous donc changer la foi
« Que nous apprîmes dès l'enfance ?
« Vous croyez-vous plus de science,
    « Qu'on n'en eut autrefois ?

  « Nous la tenons des temps anciens.
  « De quel amour vous prenez-vous
  « Pour cette nouvelle venue ?
« Songez-y, par là vous vous perdrez.

  « Croyez, dame, que, si du ciel
  « Nous apparaissait un bel ange
  « Pour nous prêcher d'autres croyances,
  « Le monde ne voudrait y croire.

  « Près de vous nous sommes venus
  « Pour vous unir à notre duc.
  « Vous l'épouserez sur-le-champ,
  « Et à la mort vous échapperez.

  « Autrement, que pourrons-nous dire?
« Et quel sera notre expédient
  « Pour vous soustraire à cette mort,
  « Dont il vous menace à bon droit?

  « Quant à Martial, l'étranger,
  « Il peut compter sur le supplice;
  « Il est cause de la querelle,
  « Il mourra dans de grands tourments. »

Quand la duchesse eut écouté
    Tous les barons et comtes,
Elle répondit humblement :
  « Oyez de ma foi le motif;

« Dieu, je le sais, a créé
« Ciel, terre, mer ; puis il a formé
« L'homme à son image et ressemblance
« Pour adorer sa toute-puissance.

« Il fit Adam, le premier père,
« Et Ève, la première mère,
« Et, dans l'Éden, lieu charmant,
« Les colloqua pour y bien vivre.

« Le Seigneur leur fit défense
« De toucher à l'arbre de vie ;
« Mais, trompée par le serpent,
« Ève souilla toute sa race :

« Alors du paradis terrestre,
« Étant honteusement bannis,
« Dieu voulut que son Verbe
« Revêtît notre humanité.

« En une vierge obéissante,
« Et du Seigneur humble servante,
« Jésus prend son corps et son âme
« Pour rendre ce qu'Adam avait perdu.

« Puis, conversant avec les hommes
« Trente-trois ans, seigneurs barons,
« Par saint Jean il est baptisé
« Pour nous montrer qu'on ne peut pas,

« Sans le baptême, avoir le ciel,
« Notre héritage ; mais celui
« Qui n'est baptisé, ni ne le désire,
« Est rejeté dans les enfers.

« Par les Juifs il fut mis en croix,
« Et suspendu comme un voleur ;
« Il fut battu, fouetté, et, pour couronne,
   « Son front fut ceint d'épines.

« En croix, il demanda pardon
« Pour ses ennemis, puis rendit
   « L'âme aux mains de son Père.
« Ses amis reprirent son corps ;

« En un fort riche monument
« Ils le mirent honorablement ;
   « De là, visitant les limbes,
« Le troisième jour il ressuscita.

« Au quarantième il s'éleva,
« Comme Dieu vivant et éternel,
   « A la droite de Dieu, son Pere,
   « Où il est assis pour toujours.

« Il envoya à ses apôtres
« L'Esprit-Saint qu'il avait promis,
« Pour leur donner pouvoir et force
« De prêcher avec assurance

   « L'Homme-Dieu crucifié,
« Qui par sa mort a effacé
« De notre père la grande faute
« Contre sa puissante majesté.

« De là haut viendra tout juger,
« Bons et mauvais, vivants et morts ;
« Il les contraindra de venir
« Pour assister au jugement.

« Tel est le vrai Dieu prêché par Martial
  « Il habite au plus haut des cieux,
  « Dieu, très-bon, qui pardonne tout,
  « Et récompense les bienfaits. »

  « Erreur ! lui dit-on, Valérie,
  « Nul autre que nos dieux ne peut
  « Donner ici-bas le bonheur ;
  « Martial vous trompe assurément. »

« Non, dit-elle, Jésus est mon époux :
  « Qui croit en lui sera heureux.
  « Il est mon Dieu, mon père et mon roi ;
  « Toujours je veux suivre sa loi.

  « Celui qui ne veut lui obéir
  « Sera pour toujours réprouvé.
  « Comtes et barons, croyez en Dieu,
  « Et par là vous serez sauvés. »

  Enfin la Vierge est condamnée,
  Et au supplice on la conduit.
    Elle y va joyeusement,
  Sans appeler de la sentence.

  Du prince cruel et méchant
Elle remplit les ordres rigoureux ;
  Et veut mourir vierge et martyre,
Au grand ébahissement de la cour.

  Valérie annonce, il est vrai,
  La prompte mort de son bourreau,
    Mort étrange et cruelle ;
Mais elle est un juste châtiment.

Un ange, du ciel descendu,
Le frappe, et, le prenant au corps,
Rudement le jette par terre,
   Comme un foudre en pleine guerre.

O merveille ! Sa tête étant coupée,
  Valérie fortement se relève,
Tenant sa tête, et, d'un pas assuré,
  Elle la porte à saint Martial.

Elle se met à genoux devant lui
   Pour lui montrer que, pour la foi
   De Jésus, elle était martyre;
   Puis, de là, l'ange la retire.

   Le puissant duc, voyant la mort
   De son écuyer et le tort
Que lui faisait le meurtre de Valérie,
S'en repentit, et il alla trouver

Saint Martial, qui le baptisa
  Avec les gens de sa maison,
   Et ressuscita l'écuyer
   Que l'ange avait frappé de mort.

Après cela, le duc, avec honneur
   En un splendide monument,
Fit déposer le corps de la duchesse,
Et avec sa noblesse vint l'honorer.

   Vierge, rien ne vous fut plus doux
   Que la voix du Sauveur Jésus,
Votre époux, qui, après votre prière,
  Vous promit le ciel pour partage.

Maintenant tout est consommé,
Au ciel vous jouissez de la paix ;
Priez Dieu, notre Rédempteur,
Qu'il nous donne des jours heureux,

Qu'il maintienne la paix en France.
En Valérie ayons confiance,
Et prions tous saint Martial,
Qu'il nous préserve de tout mal.

Nous avons voulu traduire en son entier cette pieuse mais très-originale poésie, où se retrouve l'expression de la tendre et vive piété de nos pères : elle sera d'autant plus apprécié en Limousin, et dans le pays de Combrailles surtout, que la vieille langue romane n'y est plus parlée, ainsi que nous en avons déjà fait la remarque. Habitués à s'éloigner chaque année de leur village pour aller à Paris, à Lyon, à Saint-Étienne et à Orléans, les habitants de la Creuse n'ont plus qu'un patois sans caractère distinctif et sans énergie, ce n'est plus, comme nous l'avons déjà dit, qu'un grossier mélange de mauvais français et de mots empruntés à la langue romane, mais entièrement défigurés.

Dieu veuille que ce travail contribue à remettre en honneur le culte de sainte Valérie en ces contrées où l'esprit de foi est encore vivace, malgré les efforts de l'impiété, l'abjecte préoccupation des intérêts matériels et la recherche trop empressée des jouissances terrestres. Le culte des saints, en ramenant ces populations un peu trop nomades aux devoirs et aux affections de la vie de famille, leur inspirera sans doute une piété plus douce et un désir sincère de conserver parmi elles les belles et touchantes traditions d'un passé qui fut toujours pour les peuples un élément de paix, de prospérité et de bonheur.

FIN

TABLE DES MATIÈRES

CORBEIL, typ. et stér. de CRÉTÉ.

Corbeil. — Typ. et stér. de Crété

www.ingramcontent.com/pod-product-compliance
Lightning Source LLC
Chambersburg PA
CBHW071950110426
42744CB00030B/727